Topos plus **Taschenbücher**
Band 539

Für Pater Remigius Chmurzynski OP,
dankbar, in Freundschaft

Otto Hermann Pesch

Kleines katholisches Glaubensbuch

Topos plus Taschenbücher

Topos plus **Verlagsgemeinschaft**
Die Mitglieder der Verlagsgruppe Engagement:
Butzon & Bercker -Kevelaer | Don Bosco -München
Echter -Würzburg | Verlag Katholisches Bibelwerk -Stuttgart
Lahn-Verlag -Limburg Kevelaer | Matthias-Grünewald-Verlag -Mainz
Paulusverlag -Freiburg Schweiz | Friedrich Pustet -Regensburg
Tyrolia -Innsbruck Wien

verlags gruppe engagement

Bibliografische Information Der Deutschen Bibliothek
Die Deutsche Bibliothek verzeichnet diese Publikation in der Deutschen Nationalbibliografie; detaillierte bibliografische Daten sind im Internet über http://dnb.ddb.de abrufbar.

Bearbeitete und erweiterte 15. Auflage

Einband- und Reihengestaltung:
Akut Werbung GmbH, Dortmund
Herstellung: Pustet, Regensburg
Printed in Germany

Topos plus – Bestellnummer: 3-7867-8539-2
www.toposplus.de

Inhalt

Statt eines Vorwortes

Der einfache Glaube – und die komplizierte Theologie

Predigtübung in einem Priesterseminar. Ein hoffnungsvoller kommender Prediger hat eine Probepredigt gehalten – und so ziemlich alles darin untergebracht, was er in seinen theologischen Vorlesungen zum Thema gehört hatte. „Zu kompliziert", „über die Köpfe weg", „theologische Vorlesung, keine Predigt", kritisieren ihn Dozent und Mitstudenten. „Wozu habe ich denn schließlich so lange studiert!" – fragt der Kritisierte gereizt. Darauf die Antwort des Dozenten: *„Um es einfach zu sagen!"* Diese wahre Geschichte ist wie ein Motto für dieses Buch. Zwar soll niemand meinen, es hätte je einen „einfachen", „schlichten" Glauben gegeben, der frei von aller Theologie gewesen wäre. Denn der Glaube will sich ja ausdrücken, er muss sich in Worte fassen. Dazu muss er bestimmte Worte wählen, andere als nicht oder weniger sachgemäß vermeiden. Das geht nicht ohne Nachdenken über das, was der Glaube ist und was er sagt – und schon hat man eine theologische Überlegung angestellt, hat „Theologie getrieben". Schon die älteste Kirche nannte Jesus Christus den „Sohn Gottes". Warum nannte sie ihn zum Beispiel nicht (nur) den „Freund Gottes" oder: den „Boten Gottes" oder: den „Diener Gottes"? Weil die Christen über Jesus nachgedacht hatten und dabei zu dem Ergebnis gekommen waren, dass „Bote" oder „Diener“ Gottes das einzigartige Verhältnis Jesu zu Gott und Gottes zu Jesus nicht klar genug zum Ausdruck bringen. So betet der christliche Glaube seit den ältesten Tagen: „Ich glaube an Jesus Christus, Gottes eingeborenen Sohn.“ Das klingt wie „einfaches“, „schlichtes“, von aller theologischen Kompliziertheit freies Glaubensbekenntnis. Und doch steckt schon viel „Theologie“ darin. Vor allem, wenn man weiß, wieviel der Name „Sohn Gottes“ schon bedeutet hat, bevor es die Kirche gab – wieviel man also beachten musste, wenn die Christen nun *Jesus* und keinen anderen den „Sohn Gottes“ nannten.

Es gibt also keinen „schlichten“ Glauben – es sei denn, es gäbe einen gedankenlosen Glauben. Aber es kann nun geschehen, darf geschehen und ist geschehen, dass das Nachdenken über den Glauben bedeutend umfangreicher wurde, als es für den, der im Glauben Heil und Leben finden will, notwendig ist. Leute, die sich damit beschäftigen, nennt man daher Theologen. Sie betreiben das Nachdenken über den Glauben als besondere Wissenschaft, die wissenschaftliche Theologie. Dabei darf und kann es wie in jeder Wissenschaft auch kompliziert werden, vor allem wenn der christliche Glaube immer älter wird und es daher immer mehr Wissenswertes über ihn zu bedenken gibt. Die Theologen wollen dabei dem Glauben dienen. Stellvertretend für alle Glaubenden schlagen sie sich bis in alle Einzelheiten mit Problemen des richtigen Verstehens vom Glauben herum, die nicht jeder einzelne lösen kann. So wie etwa ein Automechaniker sich mit dem Funktionieren des Motors befasst zugunsten der vielen, die nicht alle Einzelheiten eines Motors begreifen können, aber dennoch Auto fahren wollen; oder wie heute ein Computer-Fachmann sich mit dem Funktionieren eines Computer-Programms befasst zugunsten der vielen, die das „Innenleben" eines Computers nie begreifen werden, aber trotzdem heute mit diesem Gerät arbeiten müssen. Übrigens können auch die Theologen heute schon nicht mehr die ganze Theologie beherrschen, sondern müssen sich auf ein Teilgebiet konzentrieren und mit Spezialisten auf anderen Teilgebieten zusammenarbeiten.

Dabei kann einem Theologen und inzwischen erfreulicherweise auch einer Theologin nicht selten das Temperament durchgehen. Die Leidenschaft, mit der sie ihre wissenschaftliche Arbeit betreiben, kann sie immer weiter fortreißen von den Sorgen, Fragen und Erlebnissen derer, denen sie mit ihrer Arbeit dienen wollen. Wenn dann etwa ein Kind oder ein einfacher Mann aus der Gemeinde ihm oder ihr eine schlichte Frage stellt, ist vor allem er oft mit aller theologischen Gelehrsamkeit am Ende.

Aber der Glaube ist kein Vorrecht der Theologieprofessoren. Das Kind kann so gut glauben wie die Gelehrten. Ob also die Theologie noch wirklich dem Glauben dient, auch mit dem Ertrag ihrer komplizierten Überlegungen, muss sich daran zeigen, ob die Theologen „es auch einfach sagen" können. Oftmals können sie es tatsächlich nicht mehr. Man verzeiht es ihnen gern, wenn ihre wissenschaftliche Leistung überragend ist. Aber gut wäre es doch, wenn Theologe und Theologin sich von Zeit zu Zeit dem Test unterzögen, ob all ihr Nachdenken und Studieren sie dazu befähigt hat, „es einfach zu sagen".

In diesem Buch möchte ein Theologe sich diesem Test unterziehen. Es muss doch möglich sein, ganz einfach vom Glauben zu reden und zugleich so, dass alles, was die wissenschaftliche Theologie in neuerer Zeit dazugelernt hat, darin mit zum Tragen kommt. Der Versuch ist jedenfalls immer sinnvoll, zumal heute viele Gläubige Angst vor der modernen Theologie haben. Viele sehen in den modernen Theologen die Totengräber des Glaubens. Auf jeden Fall sind viele verwirrt. Wer die moderne Theologie *nicht* für ein Unglück hält, sondern als einen Segen für die Kirche betrachtet, ist verpflichtet, daran mitzuarbeiten, dass es nicht bei der Verwirrung bleibt. Er und sie muss mitsorgen, dass Menschen noch mehr als früher aufatmen können, wenn man, mit der modernen Theologie im Rücken, vom Glauben spricht; dass noch deutlicher wird als bisher: Der Glaube will in die Freiheit der Kinder Gottes einladen.

So soll hier also versucht werden, mit einfachen Worten vom Glauben zu reden, ohne etwas zu versimpeln. Dazu wollen wir die Fragen nach dem Glauben aufnehmen, wie sie nicht die Theologen, sondern Mann und Frau in der Gemeinde stellen, die keine theologischen Bücher gelesen haben. Fragen ohne Filter sollen Antworten ohne Problematisierung erhalten, die wir zwar nicht scheuen dürfen, über die wir aber hinauskommen müssen.

Mit Bedacht heißt dieses Buch „Kleines *katholisches* Glaubensbuch". Die christlichen Kirchen müssen heute zusammen über den Glauben nachdenken, zusammen arbeiten, zusammen beten. Aber so wie die Dinge liegen, kann man nicht zwischen oder über den Kirchen als Christ und Christin leben. Nur in einer bestimmten Kirche hat der Glaube seine Heimat, seine „Nestwärme", wenn man so sagen darf. Vielleicht ändert sich das einmal, wenn die Kirchen noch mehr aufeinander zugehen. Heute ist es jedenfalls noch so. Dieses Büchlein wendet sich also an katholische Christen – und solche, die sich für Glaube und Leben in der katholischen Kirche interessieren. Mit einem Angriff auf andere Kirchen oder einem Rückfall in alte konfessionelle Feindschaft soll das nichts zu tun haben. Wohl aber mit dem Versuch, lebendigem Glauben in einer lebendigen Gemeinde zu dienen. Und ohne diesen gibt es auch kein gutes Gespräch mit den anderen Kirchen.

Vorwort zur 15. Auflage

Auf den Monat genau 30 Jahre nach der ersten Auflage erscheint das „Kleine katholische Glaubensbuch“ in der 15. Auflage. Eine schöne runde Zahl! Das Büchlein hätte demnach im Durchschnitt alle zwei Jahre eine Neuauflage gehabt. In Wahrheit war es nach der 14. Auflage (1997) seit einiger Zeit nicht mehr lieferbar, obwohl immer noch gefragt. Verlag und Verfasser haben sich nach einigem Zögern nun doch zu einer Neuauflage entschlossen. Grund des Zögerns war die Hemmung, einfach nur noch einmal nachzudrucken. Der Verzicht auf Änderungen, in der „Vorbemerkung zur 13. Auflage“ (1991) noch begründbar, wäre jetzt eine faule Ausrede gewesen. Es hat sich gegenüber 1974 in der Welt und auch in der Kirche so vieles verändert, dass eine Überarbeitung nicht zu verweigern war.

Sie hält sich dennoch in engen Grenzen. Aus gegebenem Anlass wurde das 18. Kapitel über die Wiedervereinigung der getrennten Kirchen neugefasst und erweitert, die beiden Kapitel über die Heiligenverehrung und über das Verhalten gegenüber den nicht-christlichen Religionen (jetzt 19. und 20. Kapitel) neu geschrieben und eingefügt. Weitere neue Kapitel wären, wie in der Vorbemerkung zur 13. Auflage angedeutet, möglich gewesen: über Gottes Schöpfung, über das innere Wesen der Kirche, über den Umgang mit Konflikten in der Kirche und anderes mehr. Aber das Buch sollte im Umfang nicht zu sehr wachsen. Zudem hätten solche Themen die Eigenart des Buches verlassen, nämlich die Fragen so zu stellen, wie sie tatsächlich von Christinnen und Christen in den Gemeinden gestellt werden. Was Theologen brennend interessieren mag, wird in den Gemeinden oft nur indirekt und in konkreten Zusammenhängen zum Problem. Etwa auch das „Wesen" der Kirche. So wurden die Hinweise zu diesen Themen, die in den entsprechenden Kapiteln gegeben werden, verstärkt – und im Übrigen vor allem sprachlich Satz für Satz alles genau überprüft und überarbeitet.

Erweitert wurden auch die Hinweise zu weiterführender Lektüre am Ende des Buches. Zahlreiche der bisher dort verzeichneten Bücher sind inzwischen nicht mehr lieferbar, also eventuell nur noch antiquarisch zu bekommen oder in Bibliotheken auszuleihen. Ich habe es trotzdem nicht übers Herz gebracht, die Bücher herauszunehmen, die mir damals zum Teil Vorbild und Anregung, zum Teil Bestätigung bei der Erarbeitung dieses Buches waren. So habe ich nur wenige, absolut nicht mehr aktuelle Bücher weggelassen, dagegen zahlreiche neue und noch lieferbare Bücher zu den Themen der einzelnen Kapitel hinzugefügt und gegebenenfalls kurz charakterisiert. Es sind, wenn nicht anders vermerkt, immer Bücher in der Art dieses Buches: allgemeinverständlich, offen für die Fragen der Zeit, und hilfreich für den gelebten Glauben. Wer also weitere Information sucht, sollte – wie man das in der Wissenschaft ja auch tut – mit den jüngsten Büchern aus den letzten 10-15 Jahren anfangen. Wenn man dann einmal in die älteren Bücher hineinschaut, bekommt man sogar ein Gefühl dafür, wie sich die Kirche in der Begegnung mit immer neuen Fragen der jeweiligen Gegenwart verändert hat und sich doch treu geblieben ist. Kurz: man bekommt ein Stück erlebte Kirchengeschichte vor den Blick.

Unverändert, vielmehr wie bisher durch alle Auflagen geblieben ist die Widmung an Pater Remigius Chmurzynski OP. Ihm verdanke ich nicht nur die tatkräftige äußere Hilfe beim Eintritt in die theologische Wissenschaft, nämlich die Besorgung der Druckkostenzuschüsse für die Veröffentlichung meiner Doktorarbeit 1967, sondern viel mehr noch das Vorbild eines ebenso feinfühligen wie einfallsreichen und vor allem tief gläubigen Seelsorgers. Auch mit seinen 87 Jahren vermag er immer noch Menschen aufzurichten, zu trösten, im Glauben zu stärken oder für Glaube und Kirche zurückzugewinnen, oft Menschen, zu denen andere kaum Zugang haben, nicht zuletzt Kranke und Sterbende. Wenn ich hoffe, dass dieses Buch auch in der Neuauflage einen Dienst am Glauben der Menschen tun möge, so hoffe ich zugleich, dass Pater Remigius darin auch etwas von der Ernte seines Priesterlebens erblicken kann.

München, Pfingsten 2004 *Otto Hermann Pesch*

1. Kapitel

Gibt es Gott?

Gibt es Gott? Das ist die erste und wichtigste Frage des Glaubens. Heute mehr denn je. Denn viele Menschen, auch Christen, fragen heute nicht nur: Ist Jesus Christus Gottes Sohn? Ist die Kirche, so wie sie ist, von Gott so gewollt? Sie fragen sich, ob es Gott überhaupt gibt. Wozu soll man denn annehmen, dass es ihn gibt? Man sieht und hört nichts von ihm, die Welt geht ihren eigenen Gang, die Menschen müssen ihre Probleme selber lösen, und kein Gott springt als Lückenbüßer ein, wo sie nicht zurechtkommen oder sogar alles nur noch schlimmer machen. Ist es nicht längst überholt, mit Gott noch zu rechnen? Haben wir nicht an wichtigere und handfestere Dinge zu denken – wie wir die mörderischen Kriege und den Terror überall auf der Welt beenden und den Frieden sichern; wie wir die Welt menschlicher machen; wie wir die Natur vor der Zerstörung bewahren; wie wir Krankheit und Unglück überwinden? Für viele Menschen, die nicht oder nicht mehr glauben, sind das alles schon gar keine Fragen mehr.

Auf Gottes Spuren

Auch als Christen sind wir oft von solchen Fragen gequält. Dennoch glauben wir an Gott. Wenn man uns fragt: Gibt es Gott? sollten wir ohne Zögern antworten: Ja, es gibt Gott! Gott ist da! Wenn wir da herumreden und „Ja, aber“ sagen, wird der Fragende nur denken: Die Christen glauben auch schon nicht mehr an Gott. Wir können uns allerdings fragen, ob es eine gute Ausdrucksweise ist, zu sagen: Es gibt Gott! Gott ist ja keine Sache, die „es gibt“, wie es zum Beispiel Amerika gibt oder Radiowellen oder frische Blumen beim Blumenhändler. Er ist der *persönliche* Gott, der frei ist, der lieben kann und uns aus Liebe erschaffen hat, der den Menschen anredet, seine Wege lenkt, im Leben der Menschen handelt, kurz: der *lebt* – in einer so geheimnisvollen, aber schlechthin vollkommenen Weise, wie wir es uns mit unserem begrenzten Verstand nicht vorstellen können.

Warum glauben wir an Gott? Weil wir in unserem Leben auf seine Spuren gestoßen sind. Wir sehen Gott nicht selbst – sonst brauchten wir nicht an ihn zu glauben. „Glauben“ heißt ja, etwas für wahr und wirklich halten und sich darauf verlassen, obwohl man es nicht sieht und nachprüfen kann. Gott ist unsichtbar und verborgen – so sehr, dass man es schon verstehen kann, wenn viele meinen: Er ist gar nicht da. Aber man kann seine Spuren erkennen. Das geschieht freilich nicht von selbst. Wer im Wald den Tieren auf die Spur kommen will, darf nicht achtlos seines Weges gehen. Wer Gottes Spuren entdecken will, muss die Augen aufmachen und darf nicht so dahinleben, als ob sich alles von selbst verstünde. Ihm muss etwas auffallen. Er muss bemerken, dass unser Leben voller Rätsel ist, mit denen wir nur zurechtkommen, weil wir an den lebendigen Gott glauben.

Es sind helle und dunkle Rätsel. Zu den hellen Rätseln gehört, was uns so überwältigt, dass wir nur noch hingerissen staunen können. Die Schönheiten der Natur ebenso wie die Werke von Menschenhand, das Gebirge und der technisch vollendete Hochgeschwindigkeitszug, die Ähre auf dem Feld und das Meisterwerk des Malers, das Meer und die komplizierte Computer-Anlage, die liebliche, beruhigende Landschaft und die gelungene Konstruktion einer Brücke. Das alles versteht sich nicht von selbst und erschöpft sich auch nicht darin, dass es für uns mancherlei praktischen Nutzen hat. Es steckt etwas Größeres dahinter, wenn es Dinge gibt, vor denen wir hingerissen sind, und wenn den Menschen große Dinge gelingen können. Denn offenbar haben nicht wir alles gemacht, und nicht wir haben uns die Kraft gegeben, große Dinge zuwege zu bringen. Wir stehen hier vor den Spuren eines Geheimnisses, das größer ist als wir. Dieses Geheimnis ist Gott.

Seine Spuren entdecken wir auch in den dunklen Rätseln unseres Lebens: in Fragen, die wir aus uns selbst nicht oder nur notdürftig beantworten können. Weshalb lebe ich eigentlich? Kann ich mich freuen, dass ich lebe? Warum gibt es soviel Hass in der Welt, wo doch alles gut sein könnte, wenn die Menschen gerecht wären und einander liebten? Was dürfen wir ganz gewiss erhoffen? Ist der Tod das Ende von allem? Auch hier ahnen wir Gott, der die Rätsel lösen kann und wird – denn wer kann annehmen, dass tatsächlich alles vergeblich ist; dass Hass und Tod das letzte Wort haben; dass nichts zu erhoffen steht; dass alles Schöne dieser Welt nur trügerischer Schein ist?

Die gute Nachricht

Gottes Spuren entdecken nicht erst wir. Zu allen Zeiten haben Menschen sie entdeckt. Der Apostel Paulus spricht eine Menschheitserfahrung aus, wenn er schreibt: „Das Unschaubare an ihm (Gott) ist seit der Erschaffung der

Welt an den geschaffenen Dingen mit der Vernunft wahrzunehmen: seine ewige Macht und Gottheit" (Röm 1,20). Doch kann man Spuren auch falsch deuten. Alle Menschheitserfahrung würde uns nicht genügend Klarheit schaffen, wenn nicht eine gute Nachricht über Gott in der Welt wäre, die uns gewiss macht, dass wir die Spuren nicht falsch deuten. Diese Nachricht findet sich in der Heiligen Schrift. Wenn wir in der Familie, durch Eltern, Lehrer, Freunde, Seelsorger, durch die Kirche gewiss geworden sind, dass wir an Gott glauben dürfen, so deshalb, weil dieser Glaube auf der Botschaft der Schrift beruht. Das *Alte Testament* kündet uns von dem Gott, der die Welt geschaffen und den Menschen zu ihrem Herrn bestellt hat, der die Herzen der Menschen lenkt, ihre Wege erhellt, der sie auch verblendet ins Unglück gehen lässt und doch auch da noch bei ihnen ist. *Jesus Christus,* das *Neue Testament* fügen diesem Bild neue Farben hinzu: Es ist der Gott, vor dem sich der Mensch der Sorge um sich selbst entledigen darf; ein Gott, der nichts ist als Leben und der Macht hat über jeden Tod; ein Gott, der die Menschen zu ewiger Freude berufen hat, wenn sie es nur selber wollen; und ein Gott, der unerbittlich darauf besteht, dass die Menschen gerecht zueinander sind, zum Frieden bereit, und einander lieben, wo und in welcher Form das auch immer verlangt wird.

Der Glaube gibt Antwort

Diese Kunde haben wir gehört. Sie hat uns getroffen und überzeugt. Sie „beweist" uns nichts in der Weise, wie ein wissenschaftlicher Beweis dem Denken keinen Ausweg mehr lässt. Die Botschaft der Bibel von Gott ist keine gelöste Rechenaufgabe. Aber sie gibt uns Vertrauen, und zwar genau deshalb, weil sie die Spuren, die in unserem Leben auf Gott hinweisen, so einleuchtend erklärt. Dabei löst sie die Rätsel nicht so, dass hinterher nichts mehr zu fragen bliebe. Aber sie weist uns einen Weg, wie man sogar mit den dunklen Rätseln leben kann. Und sie gibt eine realistische Hoffnung, dass diese nicht für alle Ewigkeit Rätsel bleiben. Wer an Gott glaubt, um den ist nicht mehr alles finster von ungelösten Fragen, selbst dann nicht, wenn er oftmals kein Licht am Ende des Tunnels zu sehen meint. Das Leben des Menschen kann weder Zufall noch sinnlos und überflüssig sein – vielmehr hat Gott jeden einzelnen gewollt und bei seinem Namen gerufen. Die Geschichte der Menschen, so trostlos und verworren sie auch ist, führt doch nicht zwangsläufig in den Abgrund. Sie kann zum Weg ins Heil werden, weil Gott der Herr der Geschichte ist und Mut dazu gibt, sich für die Menschen einzusetzen, auch da, wo es völlig vergeblich scheint. Die hellen Rätsel aber zeigen sich dem, der an Gott glaubt, als Wunder einer ganz unausdenkbaren Liebe, die nichts anderes im Sinn hat, als dass der Mensch froh sei und seinem Schöpfer danke. Dass der lebendige Gott hinter allem steht und seine Hand nie wieder von seinen Geschöpfen zurückzieht – ist es nicht immer noch die einleuchtendste Antwort auf die hellen und die dunklen Rätsel, die die Welt und das Leben der Menschen uns aufgeben? Deshalb also antworten wir: Ja, es gibt Gott! Wir tun es, weil wir an ihn glauben, und wir glauben an ihn, weil wir die Botschaft von ihm geprüft haben und finden, dass sie uns tatsächlich Antwort gibt, wo unser Fragen nicht zur Ruhe kommt. Deshalb können wir es verantworten, uns auf diese Botschaft einzulassen. Auf die Frage: Gibt es Gott? – heißt die richtige Antwort: *Wir glauben an den lebendigen Gott.*

Übrigens: Es hat viel für sich, wenn wir sogar bei dem hausbackenen Satz bleiben: Es gibt Gott. Wenn zwei Menschen einander lieben, kann es vorkommen, dass sie das auch einmal so ausdrücken: Wie gut, dass es dich gibt! Das soll dann sagen: Durch dich hat mein Leben Sinn, Wert und Freude; jetzt weiß ich, wofür ich lebe. Wenn man es so meint, ist es sogar eine sehr gute Redeweise, zu sagen: Es gibt Gott. Und es ist ein treffendes, den ganzen Glauben zusammenfassendes Gebet, wenn ein Christ Gott anredet und sagt: Wie gut, dass es DICH gibt!

2. Kapitel

Ist Jesus Christus mehr als ein Mensch?

Oft, vielleicht jeden Tag, sprechen wir den Lobpreis: „Ehre sei dem Vater und dem Sohn und dem Heiligen Geist." Mit dem „Sohn" meinen wir Jesus Christus. Das Glaubensbekenntnis sagt von ihm: Er ist von Gott, dem Vater, verschieden, aber eins mit ihm im göttlichen Wesen, in der göttlichen Macht, in der göttlichen Majestät – so dass wir zu ihm ebenso beten dürfen wie zum Vater.

Was meinen wir damit? Sicher nicht, dass Gott einen Sohn hat, wie Menschen Söhne haben, oder dass Gott gleichsam in die Gestalt eines Menschen wie in ein Gewand hineingeschlüpft ist und dadurch diesen Menschen – Jesus von Nazaret – zur Gottheit erhoben, als „Sohn" angenommen hat. Solche Ideen will man dem christlichen Glauben immer wieder unterstellen, findet diesen dann mit Recht lächerlich und nicht besser als manche Göttersagen der alten Zeit und betont deshalb mit Entschiedenheit: Jesus ist nur „Menschensohn" – Mensch wie wir.

Der „Menschensohn"

Aber damit kann man einen gut über seinen Glauben informierten Christen nicht fangen. Er wird vielmehr antworten: Haargenau das ist der erste wichtige Punkt meines Glaubensbekenntnisses zum Gottessohn Jesus, dass ich ganz entschieden festhalte: Er ist Menschensohn. Wenn man verstehen und gar einem Mitmenschen erklären will, was der Glaube an Jesus als Sohn Gottes bedeutet, muss man zuerst auf sein irdisches Leben schauen. Er hat gelebt wie ein ganz normaler Mensch seiner Zeit: Angehöriger des Volkes Israel, wohnhaft in Nazaret, von Beruf Zimmermann – also nicht etwa ein feiner Möbelschreiner, sondern ein Bauhandwerker! –, aktives Mitglied der jüdischen Glaubensgemeinde. Er hat sich nicht in die Wüste zurückgezogen, sondern unter seinen Landsleuten, Verwandten und Freunden gelebt, gegessen, getrunken, Feste mitgefeiert, gelacht, geweint. Manchmal war er voll Zorn, und dann wieder voll Mitleid, Liebe und Zartgefühl. Und unerbittlich wahrhaftig war er, sich und seinen Freunden treu, was ihm schließlich den Tod brachte. Durch und durch ein Mensch also, ein durch und durch guter Mensch dazu. Was aber ging bei ihm darüber noch hinaus?

Er hat, erstens, eine aufregende Botschaft verkündet, wie es so auch der größte Prophet vor ihm nicht getan hatte. Er verkündete: „Die Herrschaft Gottes ist nahe herbeigekommen“ (Mk 1,15). Das bedeutet: Gott ist den Menschen nahe – *allen* Menschen. Alle sollen wissen und sich darauf verlassen, dass Gott ein Gott für die Menschen ist. Eine Unklarheit, wie Gott sich den Menschen gegenüber verhält, soll nicht mehr bestehen.

Aus dieser Botschaft zieht Jesus geradezu abenteuerliche Konsequenzen für das Leben der Menschen. Sie sollen keine Angst mehr haben – weder vor Gott noch vor den Menschen. Und sie sollen sich keine Sorge um das eigene Leben mehr machen – jene tiefe Sorge nämlich, die immer insgeheim von der Angst getrieben ist, es könnte am Ende alles vergeblich und überflüssig sein.

Selbst Schuld und Versagen sind für Gott kein Hindernis, uns seine Liebe zuzuwenden. Die Menschen sollen wissen, dass sie auf vollendete, unausdenkbare Freude zugehen – und sollen jetzt schon so leben, dass man das merkt. Weil Gott alle Menschen liebt, wie sie sind, gibt es wohl noch Unterschiede, aber keine Barrieren mehr zwischen den Menschen, weder Standesbarrieren noch solche des Wissens, der Begabung, der Tugend. Sogar die Schuldbeladenen soll man annehmen – weil niemand ohne Schuld ist. Gerechtigkeit, Versöhnung und Liebe sollen das Zusammenleben der Menschen beherrschen und heil machen, weil das der Versöhnung Gottes mit dem schuldigen Menschen entspricht.

Mehr als alle Propheten

Jesus hat mit dieser Botschaft in seinem Verhalten Ernst gemacht. Er hat Jünger um sich gesammelt und zu Mitarbeitern in der Verkündigung seiner Botschaft gemacht, wie sie ein Gesetzeslehrer, der auf seinen Ruf bedacht ist, sich kaum ausgesucht hätte: Fischer, einfache, verachtete Leute vom Land und aus der Provinz. Er hat die Tischgemeinschaft mit den Ausgestoßenen gesucht: mit zweifelhaften Damen, mit Männern von bedenklichen Geschäftspraktiken (Zöllnern) – und er hat anderen empfohlen, es ähnlich zu machen. Er hat die geltenden Maßstäbe verletzt, wo sie auf Kosten der Armen gingen: der Kranken zum Beispiel, denen man auch am Sabbat helfen muss – was nicht alle, aber doch manche Gesetzeslehrer in Israel nicht für erlaubt hielten. Er ist in den Tempel gegangen und hat das ganze System der dort eingerissenen religiösen Praktiken als wider Gottes Willen angeprangert: Gottes Zuneigung kann man nicht kaufen. Die Menschen sollen daran glauben, dass Gott ihnen ohne ihr Zutun nahe ist.

Das alles überbot zwar die großen Propheten Israels, aber es blieb doch noch auf ihrer Linie. So haben auch viele Zeitgenossen Jesus zunächst als einen neuen, gewaltigen Propheten verstanden. Aber da ist einiges ganz anders. Jesus beansprucht, mehr zu sein als alle Propheten und Gesetzeslehrer vor ihm. Ein Gesetzeslehrer sagt: *Moses* hat gesagt ... Ein Prophet sagt: So spricht der *Herr* ... Jesus aber sagt ohne Vergleich und ohne Berufung auf irgendeinen Höheren: Wahrlich, *ich* sage euch.

Und weiter: Ob man in die von Jesus verkündete Gottesherrschaft oder, wie man auch sagt, in das „Reich Gottes" eintritt, hängt davon ab, wie man zu *Jesus* Stellung nimmt. Das wird besonders anschaulich bei der Predigt, die Jesus in seiner Heimatstadt Nazaret hält (Lk 4,14-30). Da erklärt Jesus: Ich bin der, in dem die Verheißung der Propheten Wirklichkeit wird. Die Zuhörer nehmen ihm das nicht ab – und in Jesu Augen ist das schlicht Unglaube, der ihn hindert, in Nazaret so wie in anderen Städten seine Machttaten zu vollbringen. Nur wer sich Jesus anschließt – zumindest im Glauben, nicht selten auch in der Nachfolge im wörtlichen Sinn, nämlich in der Teilnahme an seinem Wanderleben –, der soll die zugesagte Nähe Gottes erfahren.

Und schließlich: Wenn Jesus von Gott, dem Vater, spricht, nimmt er niemals seine Hörer und sich selbst in die einende Aussage „unser Vater" zusammen, vielmehr unterscheidet er zwischen „euer" Vater und „mein" Vater. Die Menschen sind Kinder dieses Vaters, aber er allein ist „der Sohn".

Der „Sohn Gottes"

Schon die unmittelbaren Hörer der Predigt Jesu haben bald begriffen: Man muss ihm entweder diesen unerhörten Anspruch abnehmen und sich dann voll und ganz auf ihn selbst und auf das, was er sagt, einlassen, oder man hat es mit einem Gotteslästerer und Hochstapler von seltener Anmaßung zu tun. Die ihm nicht glauben wollten, haben denn auch konsequent gehandelt, indem sie ihn gefangen nahmen und als Gotteslästerer vor ihr eigenes, als Unruhestifter vor das Gericht der römischen Besatzungsmacht brachten und hinrichten ließen. Und sie schienen recht zu behalten. Nichts geschah, als sie ihn am Kreuz verhöhnten: „Anderen hat er geholfen, sich selbst kann er nicht helfen" (Mk 15,31).

Wir wissen, wie es weiterging: Die völlige Verzweiflung der Jünger, die alle Hoffnung aufgegeben hatten (siehe Lk 24,21), war nur von kurzer Dauer. Er ist ihnen als der Lebendige, der aus dem Tode Auferweckte erschienen (darüber ist noch eigens zu sprechen). Dann haben sie, haben diejenigen, die auf ihr Wort hin zum Glauben kamen, nachgedacht, wie man denn nun ausdrücken solle, was man von Jesus zu halten hat. Und sie haben ihn den „Sohn Gottes" genannt, ihn als den „Sohn Gottes" bekannt und angebetet. Man kann gewiss das, was damit gemeint ist, auch anders ausdrücken, besonders heute. Aber gerade dieser Name war besonders angemessen für das Glaubensbekenntnis und geeignet für die Glaubensverkündigung, und er ist es noch immer.

Zunächst: Jesus selbst hat seinen Hörern schon angedeutet, dass ein solcher Name das Richtige trifft. Mehrfach treffen wir in den Evangelien Stellen, wo Jesus sich „der Sohn" nennt oder wo andere sich oder ihn fragen, ob er der „Sohn Gottes“ sei (z.B. Mt 16,16; Mk 14,61; Lk 1,32). Und wenn er so betont Gott „seinen“ Vater nennt, wie kann es da falsch sein, ihn den „Sohn Gottes“ zu nennen?

Weiter: Bei diesem Namen horchten sowohl die Juden als auch die Heiden auf, damals; also: die Menschen in der Welt der griechischen und römischen Kultur. Die Juden dachten beim Klang dieses Namens an den geheimnisvollen und wunderbaren König, den die Propheten für die kommende Heilszeit verkündet hatten, da Gott alles Unheil im Land und auf der Welt beseitigen und alles gut machen würde. Die Griechen mochten sich an ihre Göttersagen erinnern, wo von „Gottessöhnen“ die Rede ist und auch von Göttern, die in Menschengestalt auf die Erde kamen. Natürlich passte weder die jüdische noch die griechische Idee von einem „Sohn Gottes“ auf Jesus, es musste da beidemal allerhand zurechtgerückt werden. Aber eines war jedem sofort klar, wenn man Jesus „Sohn Gottes“ nannte: Jesus ist etwas ganz Besonderes, er ist mehr als ein Mensch. Es war sogar eine ungeheure Herausforderung, wenn man diesen Titel auf Jesus anwandte. Denn der christliche Glaube wischt damit alle glanzvollen oder absonderlichen Bilder, die Juden und Griechen sich vom „Sohn Gottes“ geformt hatten, vom Tisch. „Sohn Gottes“, sagen die Christen, ist niemand anders als dieser umstrittene, verlachte, verfolgte, hingerichtete Jesus. Kein Wunder, dass sich das die Mächtigen nicht bieten ließen.

Ganz ähnlich verhält es sich, wenn man Jesus „Herr“ nennt. Die Frauen müssen hier nicht eine „christliche“ Begründung irgendeines „Herrschaftsanspruches“ der Männer befürchten. Vielmehr: Mit demselben Wort, das sonst „Herr“ bedeutet, bezeichnet die alte, noch vor der Zeit Jesu fertiggestellte griechische Übersetzung des Alten

Testaments Gott. Denn bei den Griechen war „Herr" der Titel einer Gottheit, und nicht umsonst ließ sich der römische Kaiser „Herr" nennen – weil er göttliche Verehrung beanspruchte und die Christen martern ließ, wenn sie ihm entgegenhielten: „Herr" ist nur Jesus. Dieses Bekenntnis besagt also nur, aber in vollem Ernst dieses: In Jesus ist der liebende und zur Vergebung bereite Gott uns nahe, den Israel aus seiner Heiligen Schrift kennt.

Das Geheimnis Jesu

Aber nicht nur damals, auch heute ist es sehr treffend, wenn wir unseren Glauben an Jesus in dem herausfordernden Namen „Sohn Gottes" zusammenfassen. Soweit menschliche Vergleiche überhaupt etwas veranschaulichen können, kommt darin zum Ausdruck, dass Jesus und der Vater gleichen Wesens sind. Und zugleich ist deutlich, dass der Vater und Jesus nicht einfach dieselbe Person sind, als ob der *Vater* in Jesus von Nazaret unser irdisches Leben geteilt hätte. Die Verfasser des Neuen Testaments drücken sich da viel genauer aus, als wir es für gewöhnlich tun.

Wenn sie „Gott" sagen, meinen sie stets den Vater. Jesus ist der „Sohn", der „Gesalbte" (= „Christus"), der „Knecht" Gottes; für die Christen ist er der „Herr". Trotz seiner „Einheit" mit dem Vater steht Jesus ihm gegenüber, er betet zu ihm. Und einmal sagt er ein Wort, das den Christen, die ihn als Gottes eingeborenen Sohn bekennen, immer viel zu schaffen gemacht hat: „Der Vater ist größer als ich" (Joh 14,28).

Der Name „Sohn Gottes" sagt schließlich: Zwischen Jesus und dem Vater besteht ein einzigartiges Verhältnis des Vertrauens, der Hingabe, des Für-einander-Einstehens. Deshalb kann Jesus ja auch für den Vater handeln. Was er sagt und tut, das sagt und tut der Vater, und was der Vater mit den Menschen im Sinn hat, vollbringt er durch Jesus – so wie in alter Zeit große Herren und Könige ihre Stellvertreter und Sachwalter ihren „Sohn" nannten. In diesem Sinne will Jesus alle, die an ihn glauben, in sein eigenes Sohnesverhältnis zum Vater hineinnehmen. Was er selbst als Sohn Gottes dem *Wesen* nach ist, kann kein Mensch je erreichen. Der Unterschied zwischen „mein" Vater und „euer" Vater wird nie aufgehoben. Aber in sein lebendiges *Verhältnis* zum Vater – da sollen die Menschen ihm folgen. Rundheraus sagte Paulus: „Ihr alle seid ja Söhne Gottes durch den Glauben in Christus Jesus" (Gal 3,26). Und als man Jesus einmal vorwirft, er habe sich in gotteslästerlicher Weise zu Gott gemacht, verteidigt er sich damit, in den Psalmen schon würde von *Menschen* gesagt: „Ich habe gesagt: Ihr seid Götter" (Joh 10,34; vgl. Ps 82,6).

Der Name „Sohn Gottes" bringt also tatsächlich am anschaulichsten zum Ausdruck, was wir von Jesus halten. Und zugleich macht er viel besser als andere Namen Jesu deutlich, dass wir das *Geheimnis* Jesu nie begreifen werden. Denn „Sohn *Gottes*" ist ja niemand anderes als der *„Menschensohn"* Jesus, der *gekreuzigte* Jesus. Man kann fragen, ob dieser Name „Sohn Gottes" heute nicht vielen Missverständnissen ausgesetzt sei. Aber wo gibt es das nicht, wenn man etwas schlechthin Einzigartiges benennen will? Der erste Weg, Missverständnisse auszuschließen, ist dann nicht, einen an sich sinnvollen Namen nicht mehr zu gebrauchen, sondern klarzustellen, was damit gemeint ist. Wessen Interesse damit bereits überfordert ist, der hat auch kein Recht, sich über die Missverständlichkeit dieses Namens zu beschweren. Das Missverständnis aber schließen wir am besten dadurch aus, dass wir immer wieder bedenken, welche unbegreiflichen Dinge in dem Bekenntnis zusammengehalten sind, dass der Menschensohn Jesus von Nazaret der eingeborene Sohn Gottes ist. Einen besseren Namen, der weniger vom Missverständnis bedroht ist und bei dem dennoch nichts vom Geheimnis Jesu verloren geht, hat man bis jetzt nicht gefunden. Deshalb beten wir weiter in unserem Glaubensbekenntnis: „Ich glaube an Jesus Christus, Gottes eingeborenen Sohn ..., geboren aus der Jungfrau Maria."

„Das Wort ist Fleisch geworden"

Das Neue Testament selbst bietet uns noch eine Hilfe. In der Einleitung des Johannesevangeliums wird Jesus das „fleischgewordene Wort Gottes" genannt (Joh 1,14). Derselbe ungeheure Gegensatz, der im Namen „Sohn Gottes" zusammengebunden ist, kehrt auch hier wieder: „Sohn Gottes" ist der gekreuzigte Jesus, hieß es dort. „Wort Gottes" ist der „fleischliche", dem Todesschicksal ausgesetzte Mensch Jesus von Nazaret. Es geht um dasselbe abgründige Geheimnis: Der weltüberlegene Gott, der Herr seiner Geschöpfe, hat sich nicht nur endgültig dem rebellischen Menschen in Liebe zugewandt – schon das wäre unbegreiflich genug –, er ist in seine Geschichte eingetreten, hat sein Leben geteilt und bleibt doch der weltüberlegene Gott. „Vielfach und auf verschiedene Weise hat Gott einst durch die Propheten zu den Vätern geredet: Am Ende dieser Zeiten redete er zu uns durch den Sohn" (Hebr 1,1-2). Gott hat die Knechtsgestalt unseres Daseins angenommen, er ist Mensch geworden, gehorsam bis zum Tode, ja bis zum Tode am Kreuze (vgl. Phil 2,6-8).

3. Kapitel

Ist Jesus wirklich auferstanden?

Wenn wir Fotos von Menschen betrachten, die wir sehr gut kennen, dann sagen wir vielleicht auf den ersten Blick: Er ist es, sie ist es ganz genau. Schauen wir dann länger hin, dann müssen wir gestehen: Nein, auch das beste Foto kann ihn nicht wiedergeben, wie er leibt und lebt; kein Bild kann zeigen, wie sie wirklich ist.

Ähnlich geht es uns, wenn wir eines der zahllosen Bilder von der Auferstehung Jesu betrachten, die uns die christliche Kunst vieler Jahrhunderte hinterlassen hat. Zuerst müssen wir sagen: Ja, es ist richtig, was da dargestellt ist. Wie bei der Frage: Gibt es Gott? – sollten wir auch hier, wenn wir gefragt werden, glas-klar antworten: Ja, er ist auferstanden. „Der Herr ist wahrhaft auferstanden und dem Simon erschienen“ (Lk 24,34) – diese Herausforderung muss sich wohl gefallen lassen, wer uns nach unserem Osterglauben fragt. Mit einem eilfertigen „Ja, aber …“ machen wir ihm diesen Glauben weder einleuchtender noch anziehender.

Jesus – ganz anders

Dennoch gilt Ähnliches wie bei dem Foto eines vertrauten Menschen. Sollen wir uns die Auferstehung wirklich so vorstellen, wie wir es auf den Bildern sehen? Davor bewahrt uns nichts besser als die Heilige Schrift selbst. Die Osterberichte im Neuen Testament lassen keinen

Zweifel, dass Jesus nicht auferstanden ist, wie man vom Schlaf aufsteht und sein gewohntes Leben weiterführt. Auch nicht so, wie es uns bei den Totenerweckungen Jesu geschildert wird – denn die Erweckten sind später wieder gestorben. Von Jesus sagt die Schrift, dass er, „auferweckt von den Toten, nicht mehr stirbt; der Tod ist nicht mehr Herr über ihn" (Röm 6,9). Das neue Leben Jesu aber vollzieht sich unter ganz anderen Bedingungen als früher. Bisher konnte man zu ihm gehen und mit ihm reden, wann man wollte – jetzt muss er dazu eigens „erscheinen" und steht nicht mehr nach Wunsch zur Verfügung. Früher gab es keinen Zweifel, wen man vor sich hatte – jetzt kann es geschehen, dass man ihn nicht oder erst nach längerem Gespräch erkennt. Außerdem hören die „Erscheinungen" zu einem ganz bestimmten Zeitpunkt, nicht lange nach ihrem Beginn, wieder auf, und zwar dadurch, dass er „in den Himmel aufgenommen" wird. Jesu Leib trägt nun ganz unirdische Züge: Wenn er „erscheint", hindert ihn keine verschlossene Tür. Wie das aber alles angefangen hat, wie also Jesus von den Toten erstand, das hat keiner gesehen, und die Heilige Schrift sagt uns nichts darüber.

Wie soll man also seine Auferstehung malen, sich in allen Einzelheiten ein Bild davon machen können? Das haben übrigens alle guten Auferstehungsbilder stets zu beachten gewusst. Sie malen den auferstandenen Jesus seltsam unwirklich – Lichtglanz, von der Erde erhoben, ganz anders gekleidet als seine Umgebung, kurzum: so, wie kein Mensch sonst aussieht. Und so allein ist es richtig. Wir müssen uns immer bewusst bleiben, dass wir uns von dem auferstandenen Jesus keine Vorstellung machen können wie von den Dingen, die uns umgeben und die wir fotografieren können. Selbst das in der Schrift mit

Vorzug gebrauchte Wort „Auferstehung“ oder „Auferweckung“ ist nur ein unzulängliches Bild, denn es vergleicht den Unterschied zwischen dem Tod und dem neuen Leben Jesu mit dem Unterschied zwischen Schlaf und Wieder-wach-Werden. Deshalb kann die Schrift an anderen Stellen dasselbe meinen und es durch ein anderes Wort ausdrücken, indem sie zum Beispiel sagt: „Er wurde erhöht“ (etwa Joh 12,32; Apg 2,33; Phil 2,9).

Jesu Auferweckung – unsere Auferweckung

Wenn wir auch das neue Leben Jesu nur ahnen, uns aber keine Vorstellung davon machen können, so können wir doch ganz klar sagen, was die Auferstehung Jesu für uns und unseren Glauben bedeutet. Dazu halten wir uns am besten an das 15. Kapitel des ersten Korintherbriefs. „Dies nämlich“, sagt Paulus, „ist die Erstüberlieferung, die ich euch so weitergegeben habe, wie ich sie selbst empfangen habe: Christus ist für unsere Sünden gestorben, nach den Schriften; und ist begraben worden. Und er ist auferweckt worden am dritten Tage, nach den Schriften; und ist Kephas [= Petrus] erschienen und dann den Zwölfen. Danach ist er mehr als fünfhundert Brüdern auf einmal erschienen; die Mehrzahl von ihnen ist noch am Leben, einige sind aber schon entschlafen. Danach ist er Jakobus erschienen und dann den Aposteln insgesamt. Zuletzt von allen ist er auch mir erschienen...“ (1 Kor 15,3-8). Paulus hat diesen Text „empfangen“, er zitiert eine „Erstüberlieferung“ aus den ersten Jahren der Kirche. Und die schildert uns nicht viele Einzelheiten, dafür aber, in der Art eines Glaubensbekenntnisses, das, worauf es ankommt. Das erste ist die Feststellung: Jesus ist gestorben; man hat ihn begraben – an seinem Tod kann keiner zweifeln. Diesen gestorbenen und begrabenen Jesus aber hat Gott „auferweckt" – also auf jeden Fall aus dem Tod herausgerissen. Dies haben eine begrenzte Anzahl von Zeugen dadurch erkannt, dass er ihnen „erschienen" ist, und sie haben das, offenbar seiner Absicht gemäß, weitergesagt, wie Paulus es an dieser Stelle auch wieder tut. So ist die Kirche entstanden. Alles andere, was wir sonst noch wissen möchten und vielleicht auch wissen können, ist jedenfalls nicht entscheidend.

Das Rätselhafteste an diesem Text ist der Ausdruck „er ist erschienen". Warum sagt man nicht kurzerhand: „Er ist wieder zu ihnen gekommen" oder: „Man hat ihn gesehen, gehört, berührt"? Weil der Verfasser des Textes etwas ganz Bestimmtes einschärfen will: „Erscheinen" ist ein Ausdruck, den die Bibel gern verwendet, wenn von Gottes Herrlichkeit die Rede ist. Der begrabene Jesus „erschien", das heißt: Er kam, umkleidet mit der Herrlichkeit Gottes. Das weist wieder in die gleiche Richtung, in die auch die Evangelien weisen: Jesus gehört nicht mehr zu unserer Welt – nicht etwa, weil er doch nicht wahrhaft auferstanden wäre, sondern weil sein Leben jetzt so unvorstellbar vollkommen ist, wie es nur das Leben Gottes selbst sein kann.

Paulus zitiert das alte Glaubensbekenntnis, weil er dadurch seinen Lesern klarzumachen hofft, dass sie einige falsche Auffassungen über das Schicksal der Toten berichtigen müssen. „Wenn nun von *Christus* gepredigt wird, dass er von den Toten auferweckt worden ist, wie können da einige unter euch behaupten, es gebe keine Auferstehung *der Toten*? Wenn es aber keine Auferstehung der Toten gibt, ist auch Christus nicht auferweckt worden. Wenn aber Christus nicht auferweckt worden ist, dann ist nichtig, was wir verkündigen, nichtig auch, was ihr glaubt" (1 Kor 15,11-14). Das ist es also: Christi Auferstehung bedeutet Hoffnung für unser dem Tod verfallenes Leben – auch dann noch, wenn wir nach wie vor sterben müssen. So untrennbar ist beides miteinander verbunden, dass Paulus umgekehrt schließen kann: Wenn keine Auferstehung der Toten, dann auch keine Auferstehung Christi. Dies Undenkbare aber soll man nur einmal einen Augenblick zu denken versuchen, dann wird alles schwarz vor den Augen: Verkündigung und Glaube werden „nichtig", werden ein Unsinn.

Das letzte Wort über Gott

Wir sollen also zwei Dinge begreifen: Ohne Auferstehung Jesu gibt es keine Hoffnung für die Toten. Ein Glaube aber, der keine Hoffnung für die Toten, kein Licht über den Tod hinaus gibt, ist wie ein Betrug. „Hätten wir", fügt Paulus mit aller wünschenswerten Deutlichkeit hinzu, „nur in diesem Leben die Hoffnung auf Christus gehabt, so wären wir die bedauernswertesten von allen Menschen" (1 Kor 15,19). So ist die Botschaft von der Auferstehung Jesu so etwas wie der Prüfstand für den ganzen Glauben. Hier entscheidet sich, ob Jesus uns mehr gebracht hat als eine bessere Moral und ein paar schöne Gedanken über Gott und die Welt. Hier entscheidet sich, ob Jesus der Vorzug gebührt vor all den Weisen der Menschheit bis auf unsere Tage, die uns Gutes und Helfendes gesagt haben, die Frage nach dem Tod aber auch nicht beantworten konnten. Hier entscheidet sich, ob wir Christen auch so verzweifelt, mutlos, traurig oder trotzig, auf jeden Fall aber hoffnungslos an einer Beerdigung teilnehmen oder dem eigenen Tod entgegensehen wie die, die nicht an Christus glauben.

Die Auferweckung Jesu ist deshalb auch das letzte Wort über Gott, das Jesus in die Welt gebracht hat. Jesus hat uns Gott geschildert als den, der das Geschick der Menschheit in seiner guten Hand hält – soll der Tod uns Gott entreißen können? Er hat uns Gott als den „Gott der Lebenden" (Mk 12,27) gepredigt – soll der Tod die Grenze seiner Macht sein? Er hat in leuchtenden Farben beschrieben, dass ewige Freude auf uns wartet – soll nun doch der Tod das traurige letzte Wort haben? Was sollten wir von Jesus und seiner Botschaft halten, wenn er selbst im Tod verblieben wäre? Fast darf man sagen: Gott „musste" ihn auferwecken, wenn er wirklich hinter seiner Botschaft stand. Die Auferstehung ist wie das Ja und Amen, mit dem Gott die Botschaft Jesu unterschreibt.

Der Sohn Gottes

Und damit ihren Verkünder vor aller Welt bestätigt! Erst die Osterbotschaft macht vollends hieb- und stichfest, dass Jesus mit seiner Botschaft kein Verführer, mit seinen Taten kein Scharlatan, mit seinem Anspruch kein Hochstapler und Gotteslästerer war. Dieser Vorwürfe wegen hat man ihn ans Kreuz gebracht. Er ist mit seinem Werk, rundheraus gesagt, gescheitert. Er hat dann freilich nichts zurückgenommen und ist sich bis zum letzten Augenblick treu geblieben – was nicht die Art von Scharlatanen und Hochstaplern zu sein pflegt. Aber muss er deshalb gleich all das Unglaubliche sein, was er zu sein beanspruchte? Haben nicht andere Helden der Menschheitsgeschichte ähnliche Treue zu sich selbst bewiesen, als sie ungerecht zu Tode gebracht wurden? Erst Ostern schafft Klarheit. Der den Anbruch der Gottesherrschaft verkündete und ihr bevollmächtigter Bote, der Sachwalter Gottes, der „Sohn“ zu sein beanspruchte wie keiner vor ihm – den hat Gott nicht im Tod gelassen, sondern ihn zu vollendetem Leben auferweckt. Deshalb ist das Kreuz keine Katastrophe, sondern der Ort, wo unsere Erlösung zu Ende kommt. Deshalb ist das ganze Leben, Lehren und Sterben Jesu eine einzige Tat Gottes. In jedem Wort Jesu spricht Gott selbst. In jeder Tat Jesu handelt Gott selbst. In seinem Tod wird Gott mit unserem Leid und Tod solidarisch. Jetzt ist deutlich: Er ist nicht nur einer von den Propheten, er ist Gottes Sohn.

Jenes alte Lied hat also recht: „Wär' er nicht erstanden, so wär' die Welt vergangen.“

4. Kapitel

Wer ist der Heilige Geist?

Ein Priester liest – es ist viele Jahre her – die „Votivmesse zum Heiligen Geist“. Eine Frau kommt nachher zu ihm: „Ich danke Ihnen, dass Sie gerade die Votivmesse zum Heiligen Geist gelesen haben. Der Heilige Geist ist mein liebster Gott!“ Kann man das so ausdrücken?

Gewiss nicht! Wir glauben nicht an „mehrere“ Götter, unter denen einem einer der „liebste“ sein könnte. Aber wir glauben an Gott, den Heiligen Geist. Wer ist da gemeint?

Der Geist – Person oder Kraft?

Ohne Zweifel ist der Heilige Geist eine Person, und diese Person ist Gott wie der Vater und wie Jesus Christus. „Die Gnade unseres Herrn Jesus Christus, die Liebe Gottes und die Gemeinschaft des Heiligen Geistes sei mit euch allen“ (2 Kor 13,13). „Darum geht hin und macht alle Völker zu meinen Jüngern. Tauft sie auf den Namen des Vaters und des Sohnes und des Heiligen Geistes…“ (Mt 28,19). In diesen und ähnlichen Texten des Neuen Testamentes wird der Heilige Geist in eine Reihe mit Gott dem Vater und Jesus Christus gestellt. Nach dem Evangelisten Johannes tut der Geist Dinge, die nur Gott selbst tun kann: Er ist „Beistand“ und „Helfer“ der Glaubenden, lehrt sie und führt sie in alle Wahrheit ein, er bringt das Gericht über alle Welt (Joh 14,16; 16,8-9.13).

Wir lesen aber auch viele Stellen in der Bibel, die uns den Heiligen Geist nicht als göttliche Person, sondern als göttliche *Kraft*, als *Gabe* Gottes an die Glaubenden beschreiben. Er war in Jesus (Lk 4,16-21), in seiner Kraft treibt Jesus die Dämonen aus (Mt 12,28). Gott „gibt" ihn seinen Gläubigen (Lk 11,13), er wird in die Herzen der Christen „ausgegossen" (Röm 5,5), er kommt an Pfingsten über die Jünger (Apg 2,1-4).

Aber wir dürfen solche Stellen der Bibel nicht gegen die anderen, die vom Heiligen Geist als einer Person sprechen, ausspielen. Dass der Heilige Geist zugleich Gabe und Person ist, widerspricht sich so wenig, wie Jesus Christus zugleich ganz Mensch und ganz Gottes Sohn ist. Beidemal handelt es sich um ein großes, unbegreifliches Geheimnis. Hier zeigt sich wieder, dass wir uns Gott nicht geheimnisvoll und unbegreiflich genug vorstellen können. Fast kann man sagen: Je weniger wir „dahinterkommen", um so sicherer dürfen wir sein, es mit Gott zu tun zu haben. Übrigens: Das ist uns gar nicht so unbekannt, dass eine Person zugleich eine Gabe für uns sein kann. Haben wir das denn noch nie erlebt, dass wir zu einem Menschen sagten oder mindestens sagen konnten: Du bist ein Geschenk für mich! Dass du bei mir bist, ist für mich Kraft und Lebensmut! Wenn wir es uns beim Heiligen Geist ähnlich vorstellen, sind wir auf jeden Fall auf der richtigen Fährte, schauen gleichsam in die richtige Richtung – auch wenn das Geheimnis sich nicht auflöst.

Der Geist in der Kirche

Im Übrigen geht es uns hier ähnlich wie bei der Auferstehung Jesu: Vorstellen können wir uns nur sehr wenig, aber wir können sagen, was das unvorstellbare Geheimnis für uns bedeutet. Wichtiger als zu fragen: Wer ist der Heilige Geist? – ist es, zu fragen: Was wirkt der Heilige Geist? Und dazu sagt die Heilige Schrift sehr viel.

Der Geist hält uns, hält die ganze Kirche in der Wahrheit. Er allein macht, dass wir überhaupt glauben können. „Niemand", erklärt Paulus mit lapidarer Kürze, „der im Geiste Gottes redet, sagt: Verflucht ist Jesus!; und niemand vermag zu sagen: Jesus ist der Herr! außer im Heiligen Geist" (1 Kor 12,3). Das heißt: Wer den Geist hat, kann nicht ungläubig sein; und niemand kann an Jesus glauben, wenn der Geist es ihm nicht schenkt.

Damit hängt auch das andere zusammen: Der Geist macht uns zu Kindern Gottes. „Ihr habt nicht einen Geist empfangen, der euch erneut zu Knechten macht, die in Furcht leben müssen; sondern den Geist der Sohnschaft habt ihr empfangen. Durch ihn rufen wir: Abba, Vater" (Röm 8,15 vgl. Gal 4,6). Dass wir „Vater unser" beten können, ist Geschenk des Heiligen Geistes! Und der Geist selbst ist sogar der eigentliche Beter in uns – wenn wir gar nicht mehr gut zu beten wissen (Röm 8,26-27).

Der Geist teilt seine vielfältigen Gaben in der Kirche aus. Jedem einzelnen gibt er seine besondere „Begabung" im wörtlichen Sinne. Nicht alle können alle Gaben haben, und niemand soll anderen ihre jeweiligen Gaben neiden, vielmehr sollen alle mit ihren eigenen Gnadengaben ihren Mitmenschen und ihren Mitglaubenden dienen. Im ersten Korintherbrief (12. Kapitel) hat Paulus dafür das farbenprächtige Bild vom menschlichen Leib verwendet, der nur leben kann, wenn er die verschiedensten Glieder hat, die er *alle* braucht, und es wäre dumm, wenn man sich streiten wollte, welches Glied wertvoller wäre. So gehört zu den Gnadengaben des Geistes auch die Gabe, ein Leitungsamt in der Kirche zu bekleiden. Es wäre dumm zu meinen, diese Gabe sei nicht wichtig. Es wäre aber ebenso dumm zu meinen, nur auf diese eine Gabe käme es in der Kirche an.

Der Geist des Streites

Durch die vielfältigen Gnadengaben sorgt der Geist für das Leben in der Kirche. Unser Großes Glaubensbekenntnis – das wir neben dem „Apostolischen Glaubensbekenntnis" nicht vergessen und deshalb in der Liturgie von Zeit zu Zeit auch sprechen oder singen sollten! – nennt ihn deshalb mit gutem Grund den „Lebensspender". Der Heilige Geist bewahrt uns in der Wahrheit, aber er ist nicht „konservativ". Er lässt gerade nicht, wie wir vielleicht manchmal meinen möchten, alles beim Alten. Die Apostel, das können wir in der Apostelgeschichte nachlesen, haben ihre Unternehmungen, ihre Vorstöße in Neuland stets als Eingebung des Heiligen Geistes betrachtet. Sogar der Streit der Meinungen, die Auseinandersetzung, das Ringen um Probleme widersprechen keineswegs dem Heiligen Geist. Dafür haben wir ein besonders schönes Beispiel in der Apostelgeschichte. Auf dem Treffen der Apostel, das gewöhnlich „Apostelkonzil" genannt wird und bei dem es um Einheit oder Spaltung der Kirche ging, entstand zunächst ein großer „Streit unter den Brüdern". Am Ende kommt man dennoch zu einem gemeinsamen Beschluss. Und man leitet ihn, trotz des Streits, mit den Worten ein: „Es hat dem Heiligen Geist und uns gefallen…" (Apg 15,1-29). Und Paulus, der so überzeugend über den Heiligen Geist schreiben kann, hat sich dennoch nicht gescheut, mit Petrus zu streiten, wo es nötig war (Gal 2,11-16). Dies muss man gerade heute in Erinnerung rufen, wo es so manchen Streit in der Kirche gibt. Davor brauchen wir keine Angst zu haben. Wo in der Kirche keine Kirchhofsruhe, sondern Leben und auch Streit ist, liegt die Vermutung, dass der Heilige Geist am Werk ist, näher als da, wo man nichts anderes tut, als im bequemen alten Trott weiterzumachen und sich alle Fragen und Probleme vom Leibe zu halten. Es gibt gewiss auch einen unheiligen Streit. Aber dass es so ist, muss man *beweisen*. Man darf nicht *voraussetzen*: Bloß weil es heftig zugeht, ist schon klar, dass der Heilige Geist nicht dabei ist.

Der Geist der Heiligkeit

Es ist schließlich das Werk des Heiligen Geistes, wenn wir gute Menschen werden, wenn wir Fortschritte in unserem sittlichen Bemühen machen, wenn wir die Sünde immer mehr aus unserem Leben austreiben, wenn wir selber „heilig" werden (siehe mehr dazu auch im 19. Kapitel). Das sagt Paulus nirgendwo schöner als da, wo er die „Früchte des Geistes" beschreibt. Wenn man das einmal liest (Gal 5,22-25) und sich vorstellt, alle Christen wären so, dann begreift man, welch überwältigendes Glaubenszeugnis das wäre, wenn sich alle Glaubenden so dem Wirken des Geistes öffnen würden. Man begreift dann auch, dass in der Urkirche neben der Botschaft von Leben, Verkündigung, Tod und Auferweckung Jesu der Geist das Wichtigste war, wovon gesprochen werden musste. „Wenn einer den Geist Christi nicht hat, so gehört er nicht zu ihm", lautet ein anderer lapidarer Satz des Apostels Paulus (Röm 8,9).

Wer ist also der Heilige Geist? Schauen wir auf seine Wirkungen, so können wir jetzt etwas mehr sagen als am Anfang. Durch ihn ist und bleibt eigentlich das, was

Jesus Christus in die Welt gebracht hat, in der Welt und in unserem Leben gegenwärtig. Das entspricht dem, was Jesus nach Johannes über den Geist sagt: Er „vertritt" gleichsam Christi Stelle in der Welt. Man könnte jetzt sagen: Der Vater ist „Gott *vor* und *über* uns", Jesus Christus, der menschgewordene Sohn Gottes, ist „Gott mit uns", der Heilige Geist ist „Gott *in* uns". Damit treten wir noch einmal in ein tiefes Geheimnis ein, über das wir eigens nachdenken müssen.

5. Kapitel

Ist Gott dreifaltig – ist er dreieinig?

Wenn wir lange in die Sonne schauen, werden wir geblendet. Drehen wir aber der Sonne den Rücken zu, dann können wir nicht nur ihr Licht ertragen, vielmehr erscheint uns alles in hellem, farbigem Glanz. So ähnlich geht es uns, wenn wir über die Frage dieses Kapitels nachdenken, obwohl doch der Satz: „Gott ist dreifaltig" klar zum Inhalt unseres Glaubens gehört.

Zählen und Nicht-Zählen

Zunächst scheint alles nicht schwer. Wir glauben an Gott, den allmächtigen Vater, der alles geschaffen hat. Jesus Christus, der uns von Gott gekündet und durch seinen Tod und seine Auferstehung den Zugang zu Gott erschlossen, der uns Gott nahegebracht hat, ist Gottes Sohn, gleichen Wesens mit dem Vater. Der Heilige Geist ist *die* Gabe des Vaters und des Sohnes an die Menschen, aber er ist keine Sache, sondern Person, göttlichen Wesens wie der Vater und Jesus Christus. Und doch gibt es nur *einen* Gott. Jesus hat darauf ausdrücklich hingewiesen (Mk 12,29), Paulus hat es eingeschärft (Gal 3,20; 1 Kor 8,4-6; Röm 11,33-36). Andere Götter sind „Nichtse" (Apg 14,15; Röm 1,23.25; Gal 4,8; vgl. 1 Tim 6,15-16; Jak 2,9). Einer-Sein und Drei-Sein muss also in Gott irgendwie zusammengehen. Ist es nicht vollkommen richtig, wenn wir sagen: Wir glauben an den „drei-einen" oder an den „dreifaltigen" Gott?

Natürlich ist es richtig. Aber nun geht es uns wie bei der Sonne: Schauen wir zu lange hin, werden wir blind. Wir sehen dann nichts mehr, wo wir gerade noch zu sehen meinten. Wenn wir nämlich sonst im Leben etwas zählen, handelt es sich immer um getrennte Dinge, zum Beispiel drei Bücher oder drei Bäume oder drei Menschen. Sie können von genau gleicher Art sein, aber sie sind nicht „eins“, wie Gott der *eine* Gott ist. Wenn wir in Gott zu zählen anfangen, kommen wir unweigerlich auf einen Weg, wo wir uns am Ende nicht mehr einen Gott, sondern drei Götter vorstellen, auch wenn wir noch so sehr das Gegenteil versuchen. So gibt es auch alte Bilder, die uns die Dreifaltigkeit als drei männliche Figuren darstellen, die um einen Tisch sitzen und miteinander sprechen. Oder Skulpturengruppen auf Hochaltären in mittelalterlichen „Trinitatis-Kirchen“, wo der Vater als würdevoller alter Mann den gekreuzigten Christus in seinen Händen hält und eine Taube über ihnen schwebt. So etwas geht ganz bestimmt zu weit. Man kann es nicht tadeln, wenn man Jesus Christus darstellt oder auch den Heiligen Geist in Gestalt einer Taube – denn das tut auch die Heilige Schrift. Aber niemals hätte man den Vater in menschlicher Gestalt darstellen dürfen, von dem die Schrift sagt, dass er „in unzugänglichem Lichte wohnt“ (1 Tim 6,16). Es ist deshalb gut, wenn moderne Künstler den Vater nur noch durch Sinnbilder darstellen, zum Beispiel durch ein Auge oder durch Lichtstrahlen.

Lassen wir aber das Zählen in Gott und das zählende Darstellen, dann kann es sein, dass wir auf einen anderen Abweg geraten. Gott ist nur noch der eine, unzugänglich, nicht darstellbar – Jesus Christus bleibt dann bloßer Mensch, der Heilige Geist ein sinnbildlicher Name für einen Einfluss, der von Gott ausgeht, aber nicht selber

Gott ist. Dazu kann der Glaube auch nicht ja sagen. Wir müssen offenbar zählen und *dürfen* es zugleich doch nicht. Am Ende ist alles verwirrter als vorher. Auch die schönen Vergleiche, die man uns vielleicht im Religionsunterricht nahegebracht hat, helfen dann nicht weiter, zum Beispiel das Bild von den drei Kerzen, deren Flammen ineinandergehalten werden.

Begreifen, dass wir nicht begreifen

Was sollen wir tun? Zunächst einmal begreifen, dass wir es nicht begreifen können. Immer wenn wir das Wort vom „dreifaltigen" Gott hören, müssen wir uns klarmachen: Das ist kein Wort, das uns etwas verstehen lässt, wie sonst Worte es tun. Es ist eine Abkürzung, mit der wir ausdrücken, dass wir vor einem unbegreiflichen Geheimnis stehen. Gott ist noch geheimnisvoller und unbegreiflicher, als das Alte Testament und der Glaube Israels schon wusste – das lernen wir aus dem, was uns das Neue Testament über Jesus Christus und den Geist sagt.

Das Zweite ist: Unbeirrbar die Wege der Schrift gehen, die vor dieses Geheimnis führen, also vom Vater, vom Sohn und vom Geist *gleichrangig* reden (vgl. Mt 28,19; 2 Kor 13,13), zum Vater, zum Sohn und zum Heiligen Geist *beten*. Wir tun es bei jedem Kreuzzeichen, bei jedem „Ehre sei dem Vater". Auch das Glaubensbekenntnis ist so aufgebaut: Das Wort „dreifaltiger Gott" kommt darin nicht vor. Aber wir bekennen „gleichrangig" unseren Glauben an „Gott, den allmächtigen Vater … und an Jesus Christus, seinen eingeborenen Sohn … und an den Heiligen Geist".

Und dann gilt es, der Sonne den Rücken zuzukehren und zu schauen, was sie alles mit Licht erfüllt. Wir brauchen nämlich nur diese drei Namen zu nennen und dabei zu denken, was die Schrift dabei denkt, dann verstehen wir einiges von Gott und von der Welt besser. Zunächst: Gott ist nicht „einsam", in sich verschlossen, sich selbst genügend. Das ist uns gewiss schon unheimlich vorgekommen: dieser Gedanke an einen ganz für sich allein ewig glückseligen Gott, der nichts außer sich selbst braucht. Aber das ist nicht der Gott des christlichen Glaubens. Wenn das wahr ist, dass Sohn und Geist Gott sind wie der Vater, dann „braucht" der Vater offenbar den Sohn und den Geist, um der eine Gott zu sein. In Gott gibt es ein Gegenüber, gegenseitige Anrede, Gemeinschaft. Lässt das nicht viel besser verstehen, warum Gott auch den Menschen nicht für sich allein, sondern in Gemeinschaft geschaffen hat? Lässt das nicht viel besser verstehen, dass der in der Gemeinschaft lebende Mensch erst das volle und wahre „Ebenbild Gottes" ist?

Wenn Gott Vater, Sohn und Geist ist, versteht man auch, wie Gott „nach außen" offen sein kann. Weil er in sich selbst „Gespräch" ist, entspricht es seinem Wesen, eine Schöpfung und in ihr ein verstehendes, antwortfähiges Wesen zu schaffen. Und mehr noch: Er verliert sich nicht, wenn er in seinem Sohn Mensch wird, wenn sein Geist die Welt erfüllt. Er verliert sich nicht, wenn er bis zum Tod den Menschen gleich wird.

Endlich: Wir verstehen besser, dass Gott die Liebe selbst ist. Er ist nur Gott, indem er mit dem Sohn im Heiligen Geist verbunden ist, der die Liebe in Person ist. Er wendet sich den Menschen in Liebe zu, weil er zuvor in sich selbst ein Leben lebt, das nichts anderes als Liebe ist. Deshalb ist auch der Mensch darin Ebenbild Gottes, dass er liebt. Wenn wir in den Schöpfungsbericht des Alten Testaments schauen: Da ist der Mensch dadurch Gottes Ebenbild, dass er Macht hat (Gen 1,27-28). Die griechische Philosophie zur Zeit Jesu sah die Gottähnlichkeit des Menschen in seiner Vernunft, in der Fähigkeit, zu erkennen und zu verstehen. Das Neue Testament sieht die Gottebenbildlichkeit des Menschen in der Liebe: „Seid also *Nachahmer Gottes,* als seine geliebten Kinder, und wandelt in *Liebe,* wie auch Christus euch liebte und sich hingab für uns" (Eph 5,1-2).

Das alles wäre gewiss nicht unwahr, wenn wir nichts vom drei-einen Geheimnis Gottes wüssten. Aber soviel steht fest: Seit wir wissen, dass Gott als Vater, Sohn und Geist der eine Gott ist, können wir besser als vorher verstehen, was Gott mit der Welt und mit den Menschen gemeint, was er an der Welt und an den Menschen getan hat – bis hin zum Tod seines Sohnes am Kreuz. Für neugierige und superkluge Fragen ist da kein Platz. Aber es fasst den ganzen Glauben an Gott, unseren Schöpfer und Erlöser zusammen, was Paulus seinen Lesern am Ende des zweiten Korintherbriefes wünscht: „Die Gnade unseres Herrn Jesus Christus, die Liebe Gottes und die Gemeinschaft des Heiligen Geistes sei mit euch allen" (2 Kor 13,13).

6. Kapitel

Kann man der Bibel glauben?

Wir haben bisher schon oft von der Bibel gesprochen, uns auf sie berufen, aus ihr zitiert. Sie ist für unseren Glauben die „Heilige Schrift". Warum? Weil wir in ihr das *Wort Gottes* verbindlich und verlässlich hören und nachlesen können.

Das Wort Gottes

Das wissen wir seit dem Religionsunterricht in der Schule oder in der Gemeinde. Aber was heißt das: „Wort Gottes" in der „Heiligen Schrift"? Unser ganzer Glaube beruht darauf, dass Gott zur Welt gesprochen, ihr kundgemacht hat, was er mit ihr, seiner Schöpfung, im Sinn hat. Er hat dies freilich nicht so getan, dass man ihn etwa wie durch einen Lautsprecher vom Himmel herab hören konnte. Er hat vielmehr das Geschick der Menschen so geführt, dass diese immer mehr von ihm und von seinen Absichten mit der Welt ahnen konnten. Das gilt besonders von der Geschichte eines bestimmten Volkes: Israel. Hier hat der Glaube an Gott, der auch unser Glaube ist, angefangen. Die Ereignisse der Geschichte dieses Volkes: Wie es in den Familien des Abraham, Isaak und Jakob – wir nennen sie die „Patriarchen" – erstmals greifbar wird; wie es allmählich zum Volk zusammenwächst, aus Ägypten frei kommt, im Gebiet des heutigen Palästina ein Reich begründet, das sogar für eine kurze Zeit eine Großmacht war und dann verfiel; wie neue Großmächte, Assyrien und Babylon, es zerschlagen und verschleppen; wie es schließlich – aber nur teilweise – in seine Heimat zurückkehrt, als Volk und Staat nun ohne Bedeutung, aber im Glauben an Gott geprüft und gefestigt wie kein Volk in seiner Umgebung, auch bei den nicht Heimgekehrten – in diesen Geschehnissen hat Israel Gott am Werk erkannt und an ihn glauben gelernt.

Das Alte Testament

Deshalb hat man auch von Geschlecht zu Geschlecht davon erzählt, Lieder davon gesungen. Dankgebete dafür gesprochen, Erinnerungsfeste gefeiert, Gesetz und politische Ordnung entsprechend gestaltet. Ans Aufschreiben hat man lange Zeit nicht gedacht – das mündliche Weitererzählen genügte. Aber schließlich machten sich begabte Männer doch ans Schreiben. Das war um so nötiger, je größer das Volk wurde, je zerstreuter es lebte – damit es beim mündlichen Weitererzählen keinen Wildwuchs gab. So entstand eine Reihe von Büchern, die uns die Erzählungen von den Taten Gottes in der Geschichte des Volkes, Gebete, Lieder, Feierlichkeiten für die Feste, Gesetze und Vorschriften und noch manches mehr überliefern. Auch Männer, die sich getrieben fühlten, im Auftrag Gottes dem Volk ins Gewissen zu reden – wir nennen sie die „Propheten“, das bedeutet etwa: „Sprecher Gottes“ –, haben oft ihre Reden selbst geschrieben, oder andere haben sie aufgezeichnet, damit ihre Mahnungen nicht in Vergessenheit gerieten.

Alle diese Schriften wurden zu einer Sammlung, die wir heute „Das Alte Testament“ nennen. Lernte man in der ersten Zeit aus den Ereignissen selbst, aus den Erzählungen der Alten, aus dem Alltag und den Festen des Volkes an Gott zu glauben, so lernte man es nun aus diesen Büchern. Jeder, der sie liest oder vorlesen hört und dabei Augen, Ohren und Herz nicht verschließt, kann in ihnen hören: Auch ich bin eingeladen, an diesen Gott zu glauben. Und wenn wir dieser Einladung folgen? Dann bekommen diese Bücher ein ganz neues Gesicht. Es kann ja dann nicht mehr Zufall sein, dass es diese Bücher gibt! Gott selbst, an den zu glauben sie mich einladen, hat dafür gesorgt, dass es sie zu eben diesem Zweck gibt. Mit anderen Worten: In diesen von Menschen geschriebenen Büchern redet Gott selbst mich an und sagt mir: Glaube an mich! Vertraue auf mich! Denn wie ich diesem Volk nahe war, so bin ich auch dir nahe. Weil uns die Bücher der Bibel auf diese Weise zum Glauben führen, sind sie die „Heilige Schrift“. Weil Gott auf diese Weise in ihnen zu uns spricht, sagen wir: In ihnen hören wir das „Wort Gottes“.

Das Neue Testament

Zur Zeit Jesu war das alles schon klar. Er selbst beruft sich auf „die Schrift“, auf „das Gesetz und die Propheten“ (vgl. Mt 22,40), sie enthalten Wort und Wille Gottes. Aber es ging dann mit ihm, mit seinem Leben, Sterben und Auferstehen, mit seinem Wort und seinem Wirken noch einmal ähnlich wie mit den Ereignissen im Alten Testament und mit den Worten des Mose und der Propheten. Man erzählte sich zuerst mündlich von ihm – im Gottesdienst, in der Glaubensverkündigung, man überlieferte seine Worte. Erst später schrieb man zunächst einzelne und dann immer mehr Worte von ihm auf, man erklärte seine Person und das, was sie für die Glaubenden bedeutete. Geschichte, Wort und Deutung wuchsen schließlich wieder unter den Händen begabter Schriftsteller und Theologen zu Gesamtdarstellungen zusammen, die wir – dem ersten Satz der ältesten von ihnen folgend – „Evangelien" nennen (vgl. Mk 1,1). Hinzu gesellten sich noch „Hirtenbriefe" verschiedener Apostel, Missionare und Gemeindeleiter, vor allem des Paulus.

So entstand eine neue Büchersammlung, das „Neue Testament". Und wie das Volk Israel aus den Büchern des Alten Testaments den Glauben an Gottes Nähe in der Geschichte des Volkes lernte, so lernen die Christen aus dem Neuen Testament den Glauben an Gottes endgültige und unwiderrufliche Nähe zu allen Menschen in seinem Sohn, dem gekreuzigten und auferweckten Jesus Christus. Darum ist das Neue Testament „Heilige Schrift" wie das Alte Testament. In ihm hören wir genauso das „Wort Gottes", wie wir es im Alten Testament hören. Die Heilige Schrift des Alten Testaments ist dadurch nicht außer Kraft gesetzt. Es ist derselbe Gott, an dessen Handeln im Volke Israel und an dessen Erscheinung in Jesus Christus wir glauben. Beide Testamente zusammen, das eine gleichsam als Buch der Verheißung, das andere gleichsam als Buch der Erfüllung, sind die eine Heilige Schrift – gleichsam die Gründungsurkunde des Glaubens und der Kirche. Die Frage: Darf man der Bibel glauben? – ist damit beantwortet. Denn sie beantwortet sich von selbst. Wir glauben ja, weil die Bibel uns dazu einlädt. Ohne die Bibel wären wir keine Christen, weil wir ohne sie gar nicht glauben würden. Es ist ähnlich, wie wenn wir uns angesichts eines geliebten Menschen fragen würden: Darf ich diesen Menschen lieben? Wenn wir ihn lieben, dann lieben wir ihn eben und fragen nicht mehr, ob wir das dürfen. So ist es auch mit dem

Glauben gegenüber der Bibel: Ihr Wort lädt uns zum Glauben ein. Wenn wir daraufhin an Gott glauben, dann glauben wir eben. Die Bibel hat uns dann so überzeugt, dass wir gar nicht mehr fragen, ob wir das „dürfen".

Die Bibel als menschliches Buch

Vielleicht empfindet nun einer die letzten Sätze als faulen Trick. Dass wir der Bibel direkt oder indirekt unseren Glauben verdanken, weil uns in ihr Gottes Wort begegnet, ist klar. Aber darum geht es bei der Frage: Darf man der Bibel glauben? gar nicht. Vielmehr wollen wir wissen, ob auch alles so im einzelnen passiert ist, wie wir es in der Bibel lesen: vor allem die seltsamen Geschichten vom wunderbaren Eingreifen Gottes in den Gang der Ereignisse. Immer wieder hören wir von „Bibelkritik", von „kritischer Bibelwissenschaft", die die Berichte der Bibel mit den Kenntnissen vergleicht, die wir aus anderen Quellen über die Zeit und Umwelt der Bibel haben, und dann zu dem Schluss kommt: So kann es nicht gewesen sein, hier hat sich Geschichte mit Legende vermischt, hat die religiöse Deutung auf die Darstellung der Sache abgefärbt. Dann kommen andere und versuchen zu beweisen: „Und die Bibel hat doch recht" – so hieß vor etlichen Jahren der Titel eines viel gelesenen Buches. Wenn wir davon hören, atmen wir auf – und doch bleiben wir bei dem Hin und Her der Meinungen unruhig und sorgen uns, ob nicht am Ende das Wesentliche in der Bibel, das, woran der Glaube hängt, auch mit in die Unsicherheit gerät: Gott, Jesus Christus, unser Heil.

Hier müssen wir uns etwas Wichtiges einprägen: Die Bibel enthält Gottes Wort, aber *im Menschenwort verborgen*. Je mehr wir daher die Bibel zunächst als *mensch-*

liches Buch ganz ernst nehmen, desto besser. Das heißt aber: Ihre Verfasser waren Kinder ihrer Zeit – was sich schon darin zeigt, dass sie in der Sprache geschrieben haben, die man gerade in ihrer Umgebung sprach: Hebräisch oder Griechisch. Sie haben ihre Bücher so geschrieben, wie man damals Bücher schrieb. Weil man zum Beispiel damals gut erzählte Geschichten noch mehr liebte als heute, haben die biblischen Schriftsteller auch Geschichten in ihre Bücher hineingenommen oder sich sogar selber solche ausgedacht, um damit zu veranschaulichen, was sie sagen wollten. Und selbstverständlich haben sie ihre Bücher geschrieben, um für den Glauben an den Gott zu werben, von dessen Handeln sie kündeten. Wen wundert es, dass dann die gläubige Deutung und der Bericht zusammenwachsen? Es ist auch gar nicht erstaunlich, dass in ihre Bücher allerlei von dem eingeht, was man sonst so dachte, unabhängig vom Glauben, zum Beispiel über den Aufbau des Weltalls, über das Ende der Welt usw. Ein Schulbuch moderner Art, wo schön klar eins nach dem anderen kommt, eine „objektive" geschichtswissenschaftliche Darstellung, einen „objektiven" Zeitungsbericht oder ein Polizeiprotokoll haben sie nicht geschrieben, weil sie gar nicht wussten, was das war. Und wenn man ihnen gesagt hätte, sie seien Legenden aufgesessen, so hätten sie gar nicht gewusst, wieso das ein Vorwurf sein sollte.

Anders als in diesem ganz menschlichen, ganz in seine Zeit eingebundenen Wort der Bibel ist das Wort Gottes nicht zu haben. Und wenn die Bibel anders wäre, wenn sie zum Beispiel so geschrieben wäre, wie wir uns das wünschten, dann wäre der Glaube nie auf uns gekommen, wir hätten dann die Bibel gar nicht. Das kann man sich sehr einfach klarmachen. Wenn die biblischen

Schriftsteller, etwa durch besondere Erleuchtung des Heiligen Geistes, Bücher im Stil des 20. Jahrhunderts geschrieben hätten, dann hätte das damals kein Mensch richtig verstanden. Kein Mensch hätte sich dann aber davon betroffen gefühlt. Infolgedessen hätte niemand sich dafür interessiert, niemand hätte sie aufgehoben, niemand hätte sie abgeschrieben, in andere Sprachen übersetzt und verbreitet – wir wüssten heute nichts mehr von der Bibel. Es hat also seinen guten Grund, wenn Gottes Wort so im menschlichen Wort verborgen ist. Wir sollten dankbar dafür sein und uns nicht darüber beschweren, wenn wir später und anderswo Geborenen dann die Bibel nicht nur übersetzen, sondern erklären, auslegen müssen, um sie ganz zu verstehen.

Die Bibelwissenschaft

Das Wesentliche, dass wir nämlich zum Glauben an Gott eingeladen sind, versteht jeder, der die Bibel mit offenem Herzen liest. Die Auslegung der Einzelheiten aber macht manchmal harte Arbeit. Darum bemüht sich die Bibelwissenschaft oder „Exegese" (= „Auslegung"). Es ist ganz natürlich, dass dabei im Einzelnen Meinungsverschiedenheiten auftreten. Das ist aber kein Grund zur Angst vor der Bibelwissenschaft, als ob diese unseren Glauben zerstören wollte. Wohl aber sollten wir ein paar einfache Regeln beachten, wenn wir von neuesten Auffassungen und Behauptungen der Bibelwissenschaft hören, die uns beunruhigen; wir sollten folgende Fragen stellen:

1. Tritt die neue Auffassung bescheiden als Beitrag zur Diskussion oder gar als Frage auf, oder behauptet sie, der Weisheit letzter Schluss zu sein? Wenn letzteres,

dann ist zunächst Vorsicht am Platz. Viele Theorien, die alle der Weisheit letzter Schluss sein wollten, sind schon den Bach hinuntergegangen. Dass jemand mit *einem* Griff den Schlüssel zu allen Rätseln der Bibel hat, ist von vornherein unglaubhaft.

2. Kann man, wenn diese oder jene neue Theorie wahr ist, noch zu Gott, zu Jesus Christus beten? Wenn nein, dann macht sie aus unserem Glauben an Gott ein Erzeugnis menschlicher Weisheit, aus Jesus Christus einen Lehrer von Menschengedanken und ein Vorbild für unser Leben. So sehr wir das alles zu schätzen wissen, zufrieden kann der Glaube damit nicht sein. Und einen solchen Gott, einen solchen Jesus lernen wir in der Bibel nicht kennen.
3. Lässt die neue Theorie den vollen Ernst der Menschwerdung Gottes in Jesus Christus zur Geltung kommen? Lässt sie also beide Seiten so unabgeschwächt stehen, die Menschheit und die Gottheit Jesu, wie wir sie im 2. Kapitel darlegten? Wenn nein, wenn das eine oder das andere unterbelichtet wird, dann ist etwas unrichtig an einer solchen Theorie, mag sie auch noch so einleuchtend scheinen.

Die Bücher der Bibel

Wollen wir dann noch mehr wissen, dann müssen wir uns auf die Einzelheiten einlassen – und dürfen vorher nicht vorschnell urteilen. Wer einmal Einblick genommen hat in die schwierige Arbeit der Bibelwissenschaft, wird sich ohnehin vor einem vorschnellen Urteil hüten. Es gibt im Übrigen heute schon viele gute Bücher über Bibelfragen, die man auch lesen und verstehen kann, wenn man nicht von Beruf Bibelwissenschaftler ist. In solchen Büchern – und ebenso in jeder guten modernen Ausgabe der Bibel – kann man auch das Nötige über die Entstehungsgeschichte der einzelnen Bücher erfahren.

Noch ein weiterer Hinweis: So wie die Bücher der Bibel heute sowohl im Alten als auch im Neuen Testament angeordnet sind, sind sie nicht nacheinander entstanden. Man hat sie nach ihrem Inhalt und nach ihrer Bedeutung zusammengestellt. Das Alte Testament beginnt mit der Reihe der Bücher, die von der Geschichte des Volkes Israel handeln. Dann folgen die Psalmen, gewissermaßen das „Gebetbuch" Israels, und die sogenannten „Weisheitsbücher", weil sie Belehrung über Gott, die Welt und die Menschen bieten. Am Schluss stehen die Bücher der Propheten. Im Neuen Testament stehen zuerst die Evangelien – würde man Markus und Matthäus umstellen, so stünden sie sogar in der richtigen zeitlichen Reihenfolge, denn Markus ist das älteste der vier Evangelien. Zusammen mit der Apostelgeschichte entsprechen sie den geschichtlichen Büchern des Alten Testaments. Dann folgt eine ganze Reihe Briefe urchristlicher Apostel und Missionare, an der Spitze des Paulus. Auch hier war wieder nicht die zeitliche Reihenfolge maßgebend, sondern die sachliche Bedeutung – und auch ein wenig die Länge. Den Schluss bildet die Offenbarung des Johannes – das einzige Buch, das den prophetischen Büchern im Alten Testament entspricht.

Die ältesten Stücke des Neuen Testaments sind die beiden Briefe des Paulus an die Thessalonicher – sie stammen aus dem Jahre 52. Es ist aber wichtig zu wissen, dass vor allem die Briefe des Paulus und ebenso später die Evangelien auf Überlieferungen, Lieder, Sprüche, Bekenntnisformeln, Erzählungen usw. zurückgreifen, die teilweise schon in den ersten Jahren nach Jesu Tod so formuliert wurden und sich dann nicht mehr verändert haben. Durch die Arbeit der Bibelwissenschaftler können wir also erkennen, wie schon die ersten Christen – als es noch kein „Neues Testament“ gab – ihren Glauben verstanden und formuliert haben.

Ist die Bibel uns so fern?

Vielleicht denkt mancher Leser schon, wir wollten hier die Bibel gewissermaßen entschuldigen – weil sie eben so schwer zu verstehen und so schwer richtig auszulegen sei. Das ist gar nicht der Fall. Wir wollen nur helfen, sie richtig zu lesen – und sich nicht zu wundern, dass sie eben ein zweitausend und mehr Jahre altes Buch ist, das nicht so geschrieben sein kann, wie wir es uns wünschen.

Im Übrigen braucht man gar kein Bibelwissenschaftler zu sein, um zu bemerken, dass die Bibel ein hochinteressantes Buch ist. In einem heute nicht mehr lieferbaren, aber köstlichen kleinen Buch über die Bibel, das den Titel trägt: „Wie liest man die Bibel?“ (siehe die Buchhinweise am Schluss), heißt es: „Wussten Sie schon, dass die Bibel in mehr als 1400 Sprachen übersetzt worden ist und die Zahl ihrer Leser vor allem in Asien, Osteuropa und Lateinamerika zunimmt? Dass die Bibel in 1200 Jahren entstanden ist und Lieder, Briefe, Gleichnisse, volkstümliche Erzählungen, Militärberichte, Reden, Skandalgeschichten, Stammbäume, Liebesgedichte, Liturgien und sogar Erzählungen enthält, die an einen Kurzkriminalroman erinnern? Dass die Verfasser der Bibel aus ganz verschiedenen „weltanschaulichen Lagern“ kamen? Dass die Einsetzung des Sabbats eine der ersten sozialen Großtaten der Weltgeschichte war und bereits in der

Bibel das Problem ‚Bodenspekulation' aufgegriffen wird? Dass die Hoffnung auf eine neue Gesellschaft nicht aus dem Marxismus, sondern aus der Bibel stammt? Dass die biblische Botschaft die moderne Leistungsgesellschaft erst ermöglicht hat, aber auch gegen die Versklavung durch das Leistungsprinzip angeht? Dass das Lesen der Bibel nicht so schwierig ist, wie viele meinen, wenn man es richtig anfängt?"

Außer dem Hinweis auf dieses Büchlein (und auf die anderen aus den letzten Jahren, die in den Lesehinweisen am Ende dieses Buches aufgeführt sind) wollen wir noch einen weiteren Tipp geben: Lesen Sie einmal die Religionsbücher, die Ihre Kinder im Religionsunterricht benutzen. Es sind in den letzten Jahren viele neue Religionsbücher erschienen, und gewiss ist das eine besser, das andere nicht so gut. In allen aber erfahren Sie auf dem neuesten Stand der theologischen Forschung, was man über die Bibel wissen sollte. Und nicht nur über die Bibel!

7. Kapitel

Können wir Christen die Welt besser machen?

Heute ist es Mode geworden zu fragen: Was hat denn der christliche Glaube zum Fortschritt der Menschheit beigetragen? Wo hat denn der Glaube die Welt besser gemacht? Die Frage ist zumeist nicht echt, denn dem Fragenden scheint die Antwort klar: nichts und nirgends.

Glaube und Fortschritt

In der Tat kann man für diese Antwort so viele Gründe aufzählen, dass es langweilig wäre, sie hier alle zu wiederholen. Man kann sich wirklich fragen, ob die Welt heute besser dran ist als zur Zeit Jesu. Und Tatsache ist auch, dass die Kirche und ihre geistigen Führer zeitweilig vor allem den Fortschritten in den Naturwissenschaften alle erdenklichen Hindernisse in den Weg zu legen versuchten in der Meinung, hier vergreife man sich ehrfurchtslos am Geheimnis Gottes und taste seine Herrschaft über die Natur an. Naturwissenschaften und Technik haben schließlich den Sieg davon getragen – weithin gegen die Kirche und den christlichen Glauben. Wir wissen heute, dass wir ohne Wissenschaft und Technik gar nicht überleben könnten. Die Christen versuchen zwar heute „nachzuziehen“ und zu zeigen, dass der christliche Glaube naturwissenschaftliche Forschung und technischen Fortschritt keineswegs behindert, sondern gerade ermutigt. Aber ein tiefes Minderwertigkeitsgefühl bleibt, dass die Welt ihre Fortschritte am Glauben vorbei gemacht hat und noch macht. Die unerwarteten Probleme des menschlichen Zusammenlebens, die Naturwissenschaft und Technik geschaffen haben, die neue Gefahr, dass die Welt durch Naturwissenschaft und Technik am Ende zerstört werden könnte, geben zwar dem christlichen Misstrauen noch nachträglich ein gewisses Recht. Aber die verzagende Frage bleibt: Können wir Christen, kann unser Glaube die Welt besser machen? Geht nicht alles seinen Gang, wie es ihn eben geht?

Wir müssen uns hier zunächst an zwei Worte Jesu erinnern, ein sehr dunkles und ein helles Wort. „Als Jesus in Betanien im Hause Simons des Aussätzigen war und zu Tische lag, kam eine Frau herein mit einem Gefäß voll kostbaren Salböls aus echtem Lavendel. Und sie zerbrach das Gefäß und goss es über sein Haupt aus. Da sagten einige der Anwesenden empört zueinander: „Was soll diese Verschwendung des Salböls? Man hätte dieses Öl für mehr als dreihundert Denare verkaufen und den Armen geben können!" Und sie fuhren sie an. Jesus aber sagte: „Lasst sie! Was behelligt ihr sie? Sie hat ein gutes Werk an mir getan. Denn die Armen habt ihr allezeit bei euch und könnt ihnen Gutes tun, sooft ihr wollt – mich aber habt ihr nicht allezeit" (Mk 14,3-7). Gegen die Jünger, die sich zu Anwälten sozialer Gerechtigkeit machen, erklärt Jesus: Eine vollkommene soziale Gerechtigkeit – bei der es keine Armen mehr gibt –, wird es in dieser Welt nicht geben. Und was er hier in Bezug auf soziale Gerechtigkeit sagt, entspricht dem, was er sonst allgemeiner sagt. Es ist uns keine „heile Welt" versprochen worden. Wenn man die Christen ungeduldig fragt: Wo ist denn eure „erlöste Welt“? – so können wir zunächst gelassen antworten: Du hast wohl nicht richtig zugehört!

Das Gebot der Liebe

Wir wären aber böse Zyniker, wenn das die ganze Antwort bliebe. Derselbe Jesus, der vor Illusionen warnt, hat das Leben derer, die an ihn glauben, unter das Doppelgebot der Gottesliebe und der Nächstenliebe gestellt (Mk 12,29-31). „Größer als diese beiden ist kein anderes Gebot“, sagt Jesus. Das kann gar nicht anders sein. Es ist so selbstverständlich, dass man eigentlich gar kein Gebot dazu braucht. Wenn ein Mensch wirklich im Glauben begreift, dass Gott ihm nahegekommen ist und ihn liebt, so wird er ihm in Liebe und Dankbarkeit antworten – oder er hätte eben doch nicht begriffen. Und wenn ein Mensch Gott im Glauben liebt, so wird er diese Liebe, die er empfangen hat, an die Mitmenschen weitergeben – oder er liebt nicht wirklich Gott. Man kann Gott nicht egoistisch lieben, das heißt so, dass es mir genug ist, selber die Liebe Gottes empfangen zu haben.

Jesus selbst erläuterte das Doppelgebot der Liebe an anderer Stelle mit dem drastischen Gleichnis vom erbarmungslosen Knecht, der selber eine wahnwitzig hohe Schuldsumme erlassen bekommt, seinen Kollegen aber wegen hundert Euro ins Gefängnis bringt (Mt 18,23-35). Wer das Gleichnis aufmerksam liest, wird merken: Jesus beruft sich auf kein Gebot, man müsse dem Mitmenschen seine Schuld verzeihen. Er beruft sich nur auf die einfache Tatsache, dass man selbst Schuld erlassen bekam, vergebende Liebe empfing. Das genügt für den, der begreift.

Nun muss man noch folgendes beachten: Mit „Liebe" meint die Sprache der Bibel nicht nur jene uns allen bekannte und doch so geheimnisvolle Wirklichkeit, durch die sich zwei Menschen zueinander hingezogen fühlen, einander ganz und gar annehmen und dadurch zu ganz neuen Menschen machen. Selbstverständlich weiß die Bibel auch davon. Es gibt, wie im vorigen Kapitel schon vermerkt, in der Bibel sogar Liebesgedichte (z. B. das „Hohe Lied" im Alten Testament). Aber die Bibel kennt noch eine andere Liebe, oder besser: sie weiß, dass man einander in Liebe annehmen, einander zu neuen Menschen machen kann, auch wenn man sich von Haus aus gar nicht zueinander hingezogen fühlt. So wie Gott selbst den Menschen angenommen und neu gemacht hat. Liebe, so gesehen, heißt dann einfach: zu jedermann gerecht sein, einander helfen, wo man unserer Hilfe bedarf, gegen Unrecht an anderen kämpfen und vor allem jene verteidigen, die sich selbst nicht wehren können, erlittenes Unrecht nicht nachtragen, Frieden stiften und Frieden halten, auch dann, wenn man keineswegs zu freundschaftlichen Gefühlen in der Lage ist, kurzum: gut sein auch inmitten einer oft gar nicht guten Welt, in der der Gute den kürzeren zieht. Unnachahmlich schön hat es Paulus formuliert: „Einer trage des anderen Last. So werdet ihr das Gesetz Christi erfüllen" (Gal 6,2).

Erlöste Welt?

Stellen wir uns nun einmal vor, alle Menschen auf der Welt würden an Gott und seine Liebe glauben, ihm mit ihrer Liebe antworten und die Liebe Gottes an ihre Mitmenschen weitergegeben, indem sie zu jedermann gerecht sind und auf Frieden bedacht: Könnte dann noch einer sagen, die Christen könnten die Welt nicht besser machen? Nein, im Gegenteil: Die Welt sähe dann ganz anders aus, sie wäre eine heile, eine erlöste Welt. Genau eine solche Welt hat Gott uns verheißen für den Tag der Vollendung aller Dinge, wenn er einen „neuen Himmel und eine neue Erde" schaffen wird (Offb 21,1). Zwar sind Liebe und Gerechtigkeit nicht alles, was den „neuen Himmel und die neue Erde" ausmacht. Es bleibt zum Beispiel die Frage, ob auch der Tod überwunden wird; ob nur die, die dann leben, die Glücklichen sind, die das ganze Heil Gottes erleben dürfen, oder ob auch alle, die vorher gelebt haben und gestorben sind, dazu berufen sind. Schon an dieser Frage zeigt sich, dass es nicht Sache der Menschen ist, sondern allein Gottes Sache, die Erlösung der Welt zu vollenden.

Dennoch ist gewiss: *Ohne* Liebe und Frieden unter den Menschen kann es keine erlöste Welt geben. Das ist so einleuchtend, dass man in der Tat auf den Gedanken kommen kann: Ist nicht dies der Anteil des Menschen an der Vollendung des Heils Gottes, dass er, angetrieben durch den Glauben, überall auf der Welt Gerechtigkeit und Frieden schafft? Muss er nicht so den Grund dafür legen, dass Gott den Tag der Vollendung heraufführt? Man kann schon verstehen, wenn gerade heute Christen, denen es Ernst mit ihrem Glauben ist, angesichts von soviel schreiendem Unrecht, Gewalt und Unfrieden es für die wichtigste Aufgabe der Christen halten, für Gerechtigkeit und Frieden zu kämpfen, und wenn die Leidenschaft und manchmal Ungeduld, die sie dabei zeigen, den Eindruck erweckt, als glaubten sie, aus eigener Kraft das „Reich Gottes" verwirklichen zu können.

In solchen Optimismus platzt dann störend das Wort des Herrn hinein: „Die Armen habt ihr allezeit bei euch", und warnt uns vor Illusionen und den nachfolgenden Enttäuschungen. Dennoch: Auch die einer Illusion nachjagende Leidenschaft für Gerechtigkeit und Frieden ist um vieles christlicher als die nur scheinbar fromme Art, die Hände in den Schoß zu legen und die Welt der Vorsehung Gottes zu überlassen – in Wahrheit: sich selbst zu überlassen. Der Mensch ist, auch wenn er glaubt, nicht so gut, dass Gott nicht an ihm noch allerhand zu tun hätte, bis sein Egoismus wirklich ganz getötet und er ganz zur Liebe und zum Frieden fähig ist. Aber *ohne* dass der Glaubende sich anstrengt, geht es ganz gewiss auch nicht. So können wir sagen: Wir Christen können zwar nicht die vollständig geheilte und erlöste Menschheit in einer heilen Welt herbeiführen, aber wir können die Welt tatsächlich besser machen. Überall, wo wir wirklich Christen sind und als Christen leben, kommt ein Stück von Gottes Erlösung zum Vorschein, bekommen die Menschen gleichsam einen „Prospekt" über das in die Hand, was Gott allen Menschen und der ganzen Welt zugedacht hat. Und dieser Prospekt ist nicht, wie manche Reklame sonst, besser als die Wirklichkeit, sondern bleibt wesentlich hinter ihr zurück.

Ein Anfang der Erlösung

Wir sollten uns also von hämischen Fragen wie: „Was hat denn der Glaube zum Fortschritt der Menschheit beigetragen?" nicht ins Bockshorn jagen lassen. Wir sollten einfach konsequent leben, was wir glauben. Das gilt für die Haltung, die wir zu unserem eigenen Leben einnehmen. Es gilt für unser Verhältnis zu den Menschen unmittelbar um uns, zur Familie, zu den Verwandten, zu den Kollegen, zu den Nachbarn. Es gilt für unser Verhältnis zu den

Menschen weit weg von uns, die nur durch unsere Hilfe überleben können. Es ist eine der schönsten Errungenschaften unserer Zeit, dass sofort weltweit geholfen werden kann, wenn irgendwo auf der Welt Menschen in Not geraten. Für die Christen ist es selbstverständlich, sich an solcher Hilfe zu beteiligen, die den „fernen Nächsten" zugute kommt – ganz gleichgültig, wer diese Hilfe organisiert, wenn sie nur gut organisiert ist und nicht in die Taschen der Falschen wandert. Und schließlich: Liebe, Gerechtigkeit und Frieden beziehen sich nicht nur auf die Menschen, sondern auch auf die „Institutionen", die festgefügten Weisen des Zusammenlebens. Auch Institutionen können lieblos, ungerecht, unterdrückend sein – oder der Liebe Raum geben, gerecht und befreiend sein. Christen dürfen nicht meinen, sie hätten genug getan, genug von erlöstem Dasein gezeigt, wenn sie gut zu den Mitmenschen sind, sich aber nicht um Politik, Wirtschaft und soziales Leben kümmern, die möglicherweise ständig neu Ungerechtigkeit und Unterdrückung erzeugen.

Die Christen sollen also die Welt und die Mitmenschen zu Christus hinführen, sie „verchristlichen", wie man früher gern sagte, heute nicht mehr so gern sagt. Das heißt aber nicht, sie müssten dafür sorgen, dass überall die Amtsträger der Kirche, die Bischöfe und Priester möglichst großen Einfluss haben – wir wissen, dass das heute eher Verdacht erregt, jedenfalls nicht zur Beliebtheit von Glaube und Kirche beiträgt. „Die Welt verchristlichen" heißt einfach: sie besser machen, also durch Liebe, Gerechtigkeit und Frieden überall da, wo wir können, in unserem privaten und öffentlichen Leben das kleine Stück erlöste Welt zum Vorschein bringen, zu dem Gott uns schon jetzt in dieser Weltzeit berufen und wozu er uns die Kraft gegeben hat.

Ist so wenig geschehen?

Und auch im Blick auf die Vergangenheit sollten wir uns nicht zu schnell den Mund stopfen lassen. Gewiss gibt es manche Gewissenserforschung zu halten, wie viele Gelegenheiten die Kirche und die Christen verpasst haben, die Welt besser zu machen, ja auch, wie oft sie die Welt schlechter gemacht haben. Aber wer hat denn im Abendland den Menschen beigebracht, dass man sich um die Armen kümmern muss, dass alle Menschen vor Gott gleich sind, dass Frieden und Versöhnung besser sind als Krieg und Rache, dass jedermann Anspruch auf gerechten Lohn hat? Wer hat denn die ersten Krankenhäuser erfunden, Schulen und Universitäten gegründet, die Freiheit der Eheschließung durchgesetzt und gegebenenfalls in politisch wirrer Zeit für Ordnung und Sicherheit gesorgt? Es ist gut, dass all dies heute nicht mehr oder nicht mehr allein unmittelbar Sache der Kirche ist, sondern des Staates und der Bürger. Aber noch unter so „weltlichen" Dingen wie den von den Vereinten Nationen verkündeteten „Menschenrechten", dem „Roten Kreuz", den Abkommen über die Behandlung von Kriegsgefangenen und vielem mehr erkennen wir den Einfluss des christlichen Glaubens – was sich an der einfachen Tatsache zeigt, dass all dies in den Ländern nicht selbstverständlich ist, die nicht in einer christlichen Überlieferung stehen.

Tun also heute die Nichtchristen das, was der christliche Glaube fordert, besser als die Christen selbst? Das kann durchaus manchmal so sein, zur Schande für die Christen. Es steckt aber darin noch eine weitergehende Frage, die wir in einem eigenen Kapitel angehen wollen.

8. Kapitel

Ändert sich die Moral?

Immer wieder lesen wir in Zeitungen und Illustrierten Meinungsäußerungen aus berufenem und unberufenem Munde, bei der Lösung dieses oder jenes Problems dürfe man sich nicht an die Vorstellungen einer „veralteten", einer „überholten Moral" halten. Das ist dann in der Regel ein Seitenhieb auf die Christen, die sich wieder einmal dem „Fortschritt" in den Weg stellen. Jüngstes Beispiel: die heftigen, aber tatsächlich auch in der Sache schwierigen Diskussionen um die Anwendung Gentechnik und der Biotechnik überhaupt. Wir reagieren dann mit berechtigter Entrüstung. Sollen wir uns etwa als „fortschrittsfeindlich" betrachten, bloß weil wir der Meinung sind, dass sich moralische Werte und moralische Forderungen nicht nach Lust und Laune ändern, moralische Grenzen nicht nach Belieben verschieben lassen?

Es hat sich etwas gewandelt

Manchmal aber kann uns der Zorn auch ganz anderswo hochsteigen: Wenn etwa alte Leute, bitter oder auch mit dem Humor der weise Gewordenen, davon sprechen, wie die Kirche, die Seelsorger, die Religionslehrer sie in ihrer Jugend im Namen Gottes mit Forderungen und Weisungen gequält und bei Übertretung in Angst und Schrecken gestürzt hätten, die die Kirche selbst heute für überholt erachtet. Und man hat noch nie gehört, dass sich ein höherer Amtsträger der Kirche bei der älteren Generation im Namen der Kirche dafür entschuldigt hätte.

Das eingängigste Beispiel, von dem alte Christinnen und Christen in diesem Zusammenhang zu erzählen wissen, ist natürlich der Bereich des sechsten Gebotes: Keuschheit und Schamhaftigkeit. Unglaublich vieles, was früher angeblich Sünde und gar schwere Sünde war, wird heute – bis in die höchsten Spitzen der Kirche hinauf – als natürliche und gesunde Unbefangenheit, als Erfüllung des Schöpferwillens Gottes gepriesen. Aber es gibt eine Menge weniger bekannter und doch bedeutender anderer Beispiele. Zählen wir einige auf.

Wenn heute ein Sklave oder Leibeigener – wenn es das noch gibt – seinem Herrn wegliefe, so würden wir alle sagen: Er tut recht, denn kein Mensch darf einen anderen Menschen als Sklaven halten. Aber der Apostel Paulus schickt einen entlaufenen Sklaven zu seinem Herrn zurück und schreibt diesem einen Brief – den Philemonbrief –, er möchte doch Gnade vor Recht ergehen lassen. Er ist der Meinung, Sklaverei sei erlaubt, wofern nur der Herr nicht vergisst, dass auch seine Sklaven seine Brüder in Christus sind.

Weil es in der Heiligen Schrift steht (Ex 22,24; Ps 15,5; Ez 18,8), hat man bis ins 18. Jahrhundert hinein geglaubt, Zins zu nehmen sei gegen das Gebot Gottes. Erst 1745 hat Papst Benedikt XIV. in einer Enzyklika vorsichtig klargestellt, dass nicht jedes Zinsnehmen Wucher und Ausnutzung der Not des Mitmenschen sei – der Grund für das Zinsverbot im Alten Testament. Es dauerte noch bis ins 20. Jahrhundert, bis die Kirche den alten Widerstand, der einmal mit scharfen kirchlichen Strafandrohungen bekräftigt war, gänzlich aufgab – nachdem inzwischen das Zinswesen eine ganz normale Erscheinung der Wirtschaftsordnung geworden war.

Papst Gegor XVI. verurteilte Mitte des 19. Jahrhunderts die Schutzimpfung als Ausdruck des Zweifels an der Vorsehung Gottes. Ebenso galt bis ins 20. Jahrhundert hinein als Rebell gegen den Willen Gottes, wer nach sozialem Aufstieg strebte. Denn was konnte das anders sein als Unzufriedenheit mit dem Platz, an den Gottes weise Vorsehung einen hingestellt hatte? Und wie oft haben noch heute erwachsene junge Menschen ein schlechtes Gewissen, weil sie mit Recht ihr eigenes Leben führen wollen, sich aber zum Gehorsam gegen die Eltern wenigstens so lange verpflichtet glauben, wie sie in deren Haus wohnen – in der Tat hat man früheren Generationen den uneingeschränkten Gehorsam gegen die Eltern noch als Forderung Gottes beigebracht.

Und schließlich ist es noch nicht so lange her, dass ältere Eheleute zu sündigen glaubten, wenn sie zusammenkamen, denn man hatte sie gelehrt, *jedes* eheliche Zusammenkommen müsse von dem Willen getragen sein, ein Kind zu zeugen, und nur durch Zufall dürfe es geschehen, dass keines gezeugt werde. Wenn also, so die Folgerung, ganz sicher sei, dass kein Kind mehr gezeugt werden könne – wie etwa bei älteren Ehepaaren –, dann dürfe man auch nicht mehr zusammenkommen. Erst Papst Pius XI. hat 1931 in seiner Enzyklika „Casti Connubii" mit dieser Angst vieler älterer katholischer Ehepaare aufgeräumt, indem er darauf hinwies, dass die eheliche Vereinigung nicht nur dem Zwecke der Zeugung eines Kindes diene, sondern ebenso als Ausdruck der Liebe ihren Sinn habe, auch dann noch, wenn aus natürlichen Gründen kein Kind mehr zu erwarten sei.

Liebe zu Gott, Liebe zum Nächsten

Wenn wir uns alle diese Beispiele anschauen, so müssen wir zwei Tatsachen anerkennen:

1. Moralische Anschauungen, genauer: Anschauungen über das, was sittlich geboten bzw. nicht erlaubt ist, haben sich *tatsächlich* im Laufe der Zeit gewandelt und wandeln sich auch noch heute.
2. Mit einer ganzen Reihe solcher Wandlungen sind wir gerade aus Gründen des Glaubens sehr *einverstanden*, klagen höchstens, dass man sich nicht schon früher zu besserer Einsicht durchgerungen hatte.

Wenn es also heute Streit darum gibt, was geboten und was nicht erlaubt sei und ob eine früher unbestrittene sittliche Forderung heute noch gelte, so sollten wir zunächst einmal ruhig Blut bewahren. Heute Selbstverständliches war früher unter Umständen umstritten. Könnte es nicht sein, dass heute Umstrittenes morgen selbstverständlich ist? Niemand kann es ausschließen – wenn man bedenkt, was sich in der Vergangenheit schon geändert hat. Um so wichtiger ist zu wissen: Was bleibt denn auf jeden Fall, und was ist der Maßstab, nach dem wir zwischen dem richtigen und notwendigen oder falschen und willkürlichen Wandel unterscheiden können?

Denken wir zurück an das doppelte Gebot der Gottes- und Nächstenliebe, das Jesus, auf das Alte Testament zurückgreifend, als das größte Gebot kennzeichnet. „An diesen beiden Geboten hängt das ganze Gesetz und die Propheten“, sagt Jesus (Mt 22,40). Und Paulus kommentiert die zweite Hälfte des Doppelgebotes so: „Denn das ganze Gesetz hat in dem einen Gebote seine Erfüllung gefunden: „Liebe deinen Nächsten wie dich selbst“ (Gal

5,14). Im Gebot der Gottes- und Nächstenliebe ist also auf jeden Fall alles restlos zusammengefasst, was Gott von uns will. Im vorausgehenden Kapitel haben wir das schon ein wenig verdeutlicht: Die Grundforderungen Gottes an die Christen sind Liebe, Versöhnung, Gerechtigkeit und Frieden. Das wird immer so bleiben. Ohne dies kann man kein Christ sein. Erst wenn man sagen dürfte: Christen brauchen sich nicht mehr um Liebe, Versöhnung, Gerechtigkeit und Frieden zu bemühen, dann könnte man wirklich sagen: Die Moral hat sich geändert.

Die Zehn Gebote

Nun denkt gewiss mancher: Das ist zu allgemein, wir müssen es genauer wissen. Das ist richtig. Und es wird in der Heiligen Schrift noch genauer gesagt. Was ist denn das „Gesetz", das „ganz" am Doppelgebot der Gottes- und Nächstenliebe hängt? Es sind vor allem die Zehn Gebote. Wenn wir sie aufmerksam durchlesen, erkennen wir, dass die ersten drei enthalten, was zur Gottesliebe gehört, und die folgenden sieben, was der Liebe, der Gerechtigkeit und dem Frieden unter den Menschen dient. Was für Gottes- und Nächstenliebe gilt, das gilt auch für die Zehn Gebote: Ohne sie kann niemand Christ sein. Sie zu befolgen ist unerlässlich, wenn einer „zum Leben eingehen" will (vgl. Mt 19,17).

Aber sind nicht auch die Zehn Gebote noch viel zu allgemein? Darauf die Gegenfrage: Müssen wir es denn noch genauer wissen? Wer wirklich liebt, gerecht denkt, zum Frieden und zur Versöhnung bereit ist, muss man dem oder der wirklich noch umständlich bis ins Einzelne erklären, was zu tun und zu lassen ist? Wir haben schon gesehen, dass es für die wahrhaft Glaubenden selbstverständlich ist, gut zu sein und die Welt besser zu machen. Wenn sie wirklich glauben, sagen ihnen die Gebote – das Liebesgebot und die Zehn Gebote – eigentlich nichts Neues mehr. Sie unterstützen und verdeutlichen nur, was der Glaube ohnehin weiß, wenn er wirklich Glaube ist. Wer also die Gebote im Glauben beherzigt, weiß in den allermeisten Fällen ohne langes Überlegen, was zu tun ist. Wenn er oder sie doch überlegt, besteht der dringende Verdacht, dass das Gewissen im Kampf mit dem Interesse auf wackligen Füßen steht und nach einem Fluchtweg sucht. Auch hier ändert sich dann nicht die Moral, der *Mensch* muss sich ändern und in seinem Handeln aus dem Glauben konsequent werden.

Neue sittliche Fragen

Das gilt, wie gesagt, in den meisten Fällen unseres täglichen Lebens. Da können wir uns nicht auf Unklarheit in der Sache herausreden. Einige Fälle aber scheinen nun doch unklar und nicht eindeutig zu sein – eben solche, wo sich tatsächlich und, wie wir meinen, mit Recht etwas geändert hat. Zwei Fragen müssen wir hier stellen und beantworten. Zunächst: Wie ist das zu erklären? Ganz einfach: Man kann auch in der Kirche dazulernen und hat dazugelernt. Einmal in dem Sinne, dass man Missverständnisse durchschaut und die wahre Forderung des Glaubens besser versteht. In den meisten Fällen, wo sich anscheinend „die Moral geändert" hat, handelte es sich darum, dass man zu selbstverständlich „allgemeine Anschauungen" mit den Forderungen des Glaubens gleichgesetzt hat – und eines Tages diesen Fehler durchschaute. Die engherzigen Regeln im Bereich des sechsten Gebots etwa, in denen unsere Großeltern und teilweise noch unsere Eltern erzogen wurden, entstammten nicht dem christlichen Glauben, sondern dem Schicklichkeits- und Ehrbarkeitsempfinden des 19. und des frühen 20. Jahrhunderts, das wir heute als „prüde" beurteilen. Da Christen immer auch Kinder ihrer Zeit sind, hielten sie das, was man allgemein als richtig empfand, auch für eine Folgerung aus dem Gebote Gottes. Dergleichen ist oft und oft geschehen und wird immer wieder geschehen. Die „Änderung" ist dann nichts anderes als die Auflösung einer unrechtmäßigen Ehe des Glaubens mit dem Zeitgeist.

Viel wichtiger als diese aber sind „Änderungen" der Moral, die dadurch entstehen, dass wir uns vor ganz neuen Sachverhalten sehen, die es bisher nicht gab und für die wir dennoch nun Maßstäbe des sittlichen Handelns finden müssen. Wer hätte denn vor fünfzig Jahren gedacht, dass das Verhalten im Straßenverkehr einmal eine wirkliche moralische Frage sein würde? Wer hätte gedacht, dass die Umweltverschmutzung sich von einer erträglichen Belästigung zu einer Sache auf Leben und Tod der Menschen in Industriegebieten auswachsen und so zu einer sehr ernsten moralischen Frage würde – inzwischen weltweit? Wer hätte vor fünfzig Jahren gedacht, dass auch *nach* der Wahl eine politische Betätigung Christenpflicht sein kann, wenn die staatlichen Organe allein nicht für Gerechtigkeit und Menschlichkeit des Zusammenlebens der Bürger geradestehen können? Täuschen wir uns nicht: Es ist zwar ohne weiteres klar, dass „etwas geschehen muss", dass Christen in ihrem Gewissen gefordert sind und sich nicht drücken können. Aber gar nicht so klar ist, was sie *im Einzelnen* tun sollen. Wir müssen hier das Gebot Gottes regelrecht *entdecken*. Und dabei werden sich auch wieder frühere – und früher durchaus richtige und gültige – Maßstäbe wandeln. Ist, um bei unseren Beispielen zu bleiben, die persönliche Freiheit so sehr der höchste menschliche Wert, dass niemand sie einschränken darf, auch wenn heute dadurch noch mehr Menschen auf den Straßen sterben, Landschaften zerstört, Städte unmenschlich werden und kommende Generationen die Folgkosten bezahlen müssen? Wer mit Nein antwortet, hat damit dazu beigetragen, dass sich durch neue, bisher unbekannte Fragen die „Moral ändert" – und mit Recht.

Notwendiger und willkürlicher Wandel

Bleibt die andere Frage: Wie kommen wir denn zu einem Urteil über notwendigen und willkürlichen Wandel der Moral? Wie finden wir zum Beispiel Gründe für das Nein, von dem wir gerade sprachen? Gewiss müssen wir uns zuerst genau über den Sachverhalt informieren – sonst wird aller gut gemeinte Eifer lächerlich. Manchmal sind die Probleme so kompliziert, dass wir allein uns gar nicht die ausreichenden Kenntnisse verschaffen können, sondern uns von Fachleuten informieren lassen müssen. Wenn wir aber dann informiert sind, ist der Rest nicht mehr so schwierig, sofern es uns nur gelingt, der Quertreiberei eigensüchtiger Wünsche und Interessen einen Riegel vorzuschieben. Wir müssen dann zum Beispiel nur fragen: Welchen gerechten Anspruch hat denn mein Mitmensch – der andere Verkehrsteilnehmer, der Bewohner eines Industriegebietes, die Familie, die nicht unbegrenzt hohe Mieten zahlen kann usw. – an mich, an meine Liebe, meine Rücksicht, meinen Friedenswillen? In der Regel kommt dann ziemlich schnell das Richtige heraus. Und dann dürfen und müssen wir uns sagen: Das ist jetzt Gebot Gottes für mich, das will Gott von mir – nicht weil das irgendwo aufgeschrieben steht, sondern weil die Zehn Grundgebote Gottes, zusammengefasst im Doppelgebot der Gottes- und Nächstenliebe, es einfach selbstverständlich machen.

Dürfen Katholiken „links" sein?

Beschließen wir dieses Kapitel mit zwei Hinweisen. Auch wenn es klar ist, dass Christen besonders bei neu auftauchenden Problemen für Gerechtigkeit und Frieden einzutreten haben, so kann es doch noch eigene Schwierigkeiten bei den Einzelheiten einer gerechten Lösung geben, besonders im politischen und wirtschaftlichen Bereich. Es ist dann oft eine Ermessensfrage, welcher Lösung man zuneigt, weil der klar erkannte sittliche Grundsatz das nicht vorentscheidet. So kann es kommen – und das Zweite Vatikanische Konzil hat das in der Konstitution über die Kirche in der Welt von heute ausdrücklich bestätigt –, dass Christen, die im Glauben einig sind, in ihren politischen Anschauungen auseinandergehen. Man darf nicht meinen, Katholiken müssten alle eine einheitliche politische Meinung haben. Und wenn Katholiken für politische Forderungen eintreten, die man gern als „links" (oder neuerdings auch umgekehrt als „neoliberal") bezeichnet, so besagt das beileibe nicht, sie seien deshalb keine richtigen Christen mehr. Wenn man etwas gegen das eine oder das andere hat, muss man das streng sachlich begründen. Aber es wäre anmaßend, wenn man etwa die Gleichung aufstellen wollte: „links" = von vornherein unchristlich. Und ebenso gilt es auch umgekehrt, wenn nämlich „linke" Christen die, die anderer Meinung sind, als „rechts" und „reaktionär" bezeichnen und die Gleichung aufgestellt würde: „nicht-links" = unchristlich.

Und der andere Hinweis. Wir haben gelernt, wer christlich leben will, muss sich um die entsprechenden „Tugenden“ bemühen. Das Wort „Tugend“ hört man heute nicht mehr gern. Man denkt sofort an „Bravheit“, „Gehorsam“, „Unterordnung“, „Sanftmut“ und Ähnliches – also an Verhaltensweisen, die einem gerade gewachsenen Menschen zuwider sind, weil sie ihn hindern, sein eigenes Leben verantwortlich zu gestalten. Wie aber, wenn das ein arges Missverständnis von „Tugend“ wäre? Von Haus aus heißt „Tugend“ soviel wie Tüchtigkeit im Leben, Festigkeit im guten Handeln. Muss der Christ sich nicht um *moderne* Tugenden bemühen, die ihn befähigen, in den Anforderungen unserer Zeit richtig und sicher als Christ zu handeln? Ein vor numehr drei Jahrzehnten erschienenes Büchlein (s. die Buchhinweise am Schluss) zählt folgende „modernen Tugenden“ auf: Verantwortungsbewusstsein, Toleranz, Friedensliebe, Sachlichkeit, Aufgeschlossenheit, Vorurteilslosigkeit, Ehrfurcht, Tapferkeit, Kollegialität, Geselligkeit, Diskretion, Wiedergutmachung, Mitfreude, Freundlichkeit, Gelassenheit, Dankbarkeit, Zuverlässigkeit, Selbstbeherrschung, Geduld, Dienstbereitschaft. Ähnliche Bücher über „neue Tugenden“ gibt es auch wieder aus den letzten Jahren.

Wenn man das alles hört, denkt man unwillkürlich: So müsste man sein! So sollten die Menschen handeln! Und ein Christenmensch wird denken: Genau das fordert heute der Glaube – und damit erkennt er diese „Tugenden des modernen Menschen“ als Gebot Gottes heute an! Das Schöne ist: Hier handelt es sich um erstrebenswerte Verhaltensweisen, die ganz von selbst einleuchtend sind, ganz ohne den Glauben. So viel „Besonderes“ hat die christliche Moral eigentlich gar nicht – sie hat nur einen ganz besonderen *Grund*: die Liebe Gottes, die wir empfangen haben. Ansonsten können wir Christen mit allen Menschen guten Willens im Bemühen um Gerechtigkeit, im Streben nach einem guten Menschsein in der modernen Welt zusammenarbeiten.

Damit kommen wir auf den Schluss des vorigen Kapitels zurück: Es ist nicht ein schlechtes, sondern ein gutes Zeichen, wenn die Einsicht in sittliche Forderungen, die man lange Zeit gern als „Vorrecht" der Christen ansah, heute weit über die Grenzen der Kirche hinaus sich verbreitet, selbst bei Menschen, die mit der Kirche nichts zu tun haben wollen. Wenn Nichtchristen uns sogar dabei übertreffen und nicht selten mit dieser „Änderung der Moral" zum Guten hin schneller sind als wir Christen. Denn wir wissen: Mit jedem Stückchen Gerechtigkeit und Frieden, das wir auf dieser Erde erreichen, wird ein Stück von Gottes erlöster Schöpfung Wirklichkeit. Und weshalb sollte Gott dabei das Mittun der Nichtchristen verschmähen, denen er vielleicht viel näher ist, als sie selbst ahnen? Und weshalb sollten wir von den Nichtchristen nichts lernen dürfen?

9. Kapitel

Was ist Sünde?

Wer von „veralteter Moral" zu sprechen beliebt, hält auch die Sünde für einen alten Ladenhüter der Christen. Ja, gerade der Gedanke an die Sünde, der für die Frage nach dem christlichen Handeln so wichtig ist, wird zum Beweis für die „veraltete" Moral. Wer kann denn heute noch ernsthaft von „Sünde" reden, ohne sich lächerlich zu machen?

Eine Sache des Gefühls?

Aber auch Christen, die es mit dem Leben aus dem Glauben ernst meinen, reden oft nur mit gemischten Gefühlen von „Sünde", oft tun sie es sogar schon mit einem Unterton von Ironie, die nicht mehr ganz ernst nimmt, wovon sie redet. Und das hat seinen Grund. Wir sahen schon, wieviel Angst man früher völlig zu Unrecht verbreitete, indem man alles Mögliche für „Sünde" erklärte. Und hinter der „Sünde" stand dann immer gleich die „Hölle", in die man kommen würde, wenn man nicht rechtzeitig die Sünde bereute und im Bußsakrament wiedergutmachte. Wir sind alle froh, dass unser Christsein heute nicht mehr so weithin nur aus Angst besteht. So schwindet uns mit der Angst auch das Empfinden für die Sünde, und manchmal sind wir sogar schon versucht, uns den Gegnern des Glaubens anzupassen und wie sie uns über die „Sünde" lustig zu machen.

Hier müssen wir zunächst etwas klarstellen: Es kann unmöglich einen christlichen Glauben geben, der die Wirklichkeit der Sünde nicht wahrhaben wollte. Aber: Sünde ist keineswegs eine Sache des Empfindens oder des Gefühls! Es ist gar kein Einwand gegen die Wirklichkeit der Sünde, wenn wir sie nicht „empfinden". Nicht derjenige hat am tiefsten verstanden, was Sünde ist, der am meisten vor ihr in Schrecken fällt. Und wer in seinem Gefühl keine Schrecken vor der Sünde verspürt, dem muss noch lange kein „Sündenbewusstsein" abgehen. Denn Sünde ist eine Wirklichkeit, die nur der Glaube sieht – und der ist nicht vom Gefühl abhängig. Was aber ist Sünde?

Selbstherrlichkeit

Der Glaube erkennt Gott als den Herrn des menschlichen Lebens. Herr aber ist Gott nicht dadurch, dass er die Menschen zu Knechten macht, sondern dass er sie mit Leben beschenkt und sie einlädt, in seiner Nähe, in Gemeinschaft mit ihm den tiefsten Sinn und das ganze Glück dieses Lebens zu finden. Der Mensch ergreift diese Einladung, nimmt sie an und lebt, wie es ihr entspricht – das nennen wir „glauben". Oder er verweigert sie beziehungsweise kündigt sie wieder auf – und eben das nennen wir „Sünde". „Sündigen" heißt Nein sagen zu Gott, das Leben mit Gott verweigern. Sünde ist das Gegenteil von Glaube, und darum auch ohne Glaube nicht zu erkennen.

Nun kann aber ein Mensch nicht nur einfach Nein sagen, nicht nur einfach verweigern. Er tut das, weil er eine Alternative sieht. Weil er zu etwas anderem Ja sagt. Diese Alternative zu Gott kann nur der Mensch selbst sein. Wer den Glauben verweigert, will nicht durch Gott, sondern durch sich selbst leben. So können wir nun das tiefste Wesen der Sünde beschreiben: Sünde ist Selbstherrlichkeit – ganz wörtlich: Selbst-Herrlichkeit.

Wie geht eine solche Selbstherrlichkeit vor sich? Nun, sie kann sehr direkt geschehen: Ein Mensch sieht sich vor die Wahl gestellt, zu glauben oder nur auf sich selbst zu bauen, Gott zu lieben oder sich selbst über alles zu lieben – und entscheidet sich gegen Gott, für die eigene Person. Die Theologie früherer Jahrhunderte sprach dann im strengen Sinne von „Stolz" oder „Hochmut", ja von „Gotteshass". So etwas ist möglich. Wir können jedenfalls bei einem intelligenten, über seine Geisteskräfte verfügenden Menschen nicht sagen, es sei grundsätzlich unmöglich. Allerdings kann man von außen nie sagen: Hier, bei diesem Menschen, ist es geschehen, auch nicht, wenn wir noch so deutliche Anzeichen zu sehen glauben. Nur Gott schaut so genau in die Herzen, dass er wirklich weiß, was mit einem Menschen los ist. Wohl aber dürfen wir annehmen, dass das Nein zu Gott selten so direkt gesprochen wird. Meist sagt ein Mensch es indirekt – indem er sich am Mitmenschen schuldig macht.

Egoismus

Auch die Schuld am Mitmenschen ist Sünde gegen Gott. Gelegentlich trifft man auf die Meinung, die Schuld am Mitmenschen habe nichts mit Gott, sondern nur mit dem Mitmenschen zu tun, nur ihm gegenüber müsse man sie wiedergutmachen. Das ist Unsinn, wenn wir im Auge behalten, was wir in den beiden vorausgehenden Kapiteln überlegt haben. Alle Pflicht zur Liebe und Gerechtigkeit gegenüber dem Mitmenschen gründet darin, dass wir zuvor Gottes Liebe im Glauben empfangen haben. Diese Liebe gibt der Glaubende weiter, oder er glaubt nicht wirklich. Wie kann man also bei Gott bleiben, wie kann man weiter in Gottes Gemeinschaft leben, wenn man das *nicht* tut? Die zwingende Logik dieses Gedankens schärft vor allem der erste Johannesbrief immer wieder ein: „Wenn einer sagt: Ich liebe Gott, und hasst seinen Bruder, so ist er ein Lügner" (1 Joh 4,20; vgl. 1,3-6; 3,16-18; 4,7-8). Jede Schuld gegenüber Menschen ist also nicht nur Schuld, sondern Sünde, das heißt: Sie richtet sich nicht nur gegen Menschen, sondern auch gegen Gott, dessen Liebe weiterzugeben wir uns weigern. Und es ist völlig gleichgültig, ob ich das „fühle" oder nicht.

Wenn Sünde – ob direkt oder indirekt – Selbstherrlichkeit ist, gibt es ein deutliches Merkmal, an dem wir sie bei uns selbst und gegebenenfalls auch bei anderen erkennen können: den Egoismus, jene dem Handeln zugrundeliegende Ausrichtung, dass sich alles zuerst und zuletzt um die eigene Person drehen muss. Der Mensch macht sich in der Sünde selbst zum Ersatzgott. Menschen werden dann zu Gebrauchsgegenständen, die man für Gottesdienste vor dem eigenen Altar benötigt.

Ursprungssünde

Dieser Götzendienst der Selbstherrlichkeit und des Egoismus sitzt ganz tief im Menschen drin. Nicht nur, soweit wir uns selbst erinnern, sondern soweit wir in die Menschheitsgeschichte zurückblicken können, sind die Menschen von diesem Willen zur Selbstherrlichkeit angetrieben gewesen. Die düsteren Äußerungen der Heiligen Schrift darüber (Gen 3,1-4,24; 6,5-6; Ps 51,7; Röm 1,18-3,20; 5,12-21) bekräftigen nur, was auch die Kulturgeschichte zeigt:

Immer wollten die Menschen selber absoluter Herr sein. Sogar ihre Götter wollten sie sich gefügig machen. Irgendwo, für uns nicht mehr greifbar, muss es am Anfang der Menschheitsgeschichte mit dieser Selbstherrlichkeit angefangen und immer weitere Kreise gezogen haben – sonst ist diese verhängnisvolle Neigung gar nicht zu erklären. Der christliche Glaube nennt diesen Anfang der Selbstherrlichkeit die „Ursprungssünde“, im Deutschen gewöhnlich, aber missverständlich „Erbsünde“ genannt. Der Mensch kommt mit dieser Grundneigung zur Selbstherrlichkeit zur Welt, noch vor aller persönlichen Entscheidung – und er wird dieser Neigung durch seine persönliche Entscheidung nachgeben, wenn nichts anderes geschieht. Alle einzelnen sündigen Taten bringen nur an die Oberfläche, was immer schon im Menschen steckt.

Selbstversklavung

Das Wesen dieser Sünde, die sich in ihren Taten offenbart, müssen wir in zwei Richtungen noch weiter beschreiben.

Zunächst: Sünde ist Selbstversklavung. Oft hört man die Meinung, ohne den Mut zum Durchbruch durch anerzogene Moralbegriffe, ohne den Mut zur „Sünde“ also werde ein Mensch nicht frei, reif und selbstverantwortlich, kurz: nicht erwachsen. Da kann etwas Richtiges dran sein, dann nämlich, wenn man zu Unrecht einem Menschen die Angst eingejagt hat, er sei allenthalben von Sünde umstellt und könne kaum einen Schritt tun, ohne zu sündigen. Aber wenn wir im Auge behalten, was das wirkliche Wesen der Sünde ist, dann ist es völliger Unsinn zu behaupten, die Sünde mache frei. Das Gegenteil ist wahr, und das ist gar nicht schwer zu verstehen.

Wir haben schon dargelegt, dass der Glaube den Menschen im tiefsten Sinne frei macht. Denn er nimmt ihm die Sorge um sich selbst, er befreit ihn von dem Druck von allerlei Vorschriften, an denen das Heil, der Sinn und das Gelingen seines Lebens hängen soll, und verpflichtet ihn allein zur Liebe, und das ist kein Zwang, sondern bare Selbstverständlichkeit für alle, die das Geschenk der Liebe Gottes begriffen haben. Wer nicht glaubt und sich Gott verweigert, schneidet sein Leben von der Quelle wahrer Freiheit ab. Nun muss alles von vorn beginnen: die Sorge um sich selbst, das quälende Fragen nach dem Sinn des eigenen Daseins (denn das merkt man bald, dass man ihn sich nicht selbst geben kann), der Kraftaufwand, um das Leben zu meistern – denn es ist ja alles verloren und vergeblich, wenn es mir *nicht* gelingt, aus meinem vergänglichen Leben etwas zu machen. Für die Mitmenschen bleibt keine Kraft mehr übrig, weil man sich zuerst selbst der Nächste und vollauf mit sich selbst beschäftigt ist. Der Teufelskreis des Egoismus ist wie eine Schlinge, die sich von selbst langsam zuzieht. Wer dem wahren Gott nicht anhangen *will, muss* sich selber allein anhangen. Das hat noch nie zu einem überzeugenden Ende geführt.

Selbstentfremdung

So folgt aus der Selbstversklavung das zweite Kennzeichen der Sünde: die Selbstentfremdung. Ein Mensch, der sich selbst allein dient, wird sich selber fremd. Er wird zur Karikatur eines Menschen, zur Karikatur seiner selbst. Denn er ist ja berufen zur „herrlichen Freiheit der Kinder Gottes“ (Röm 8,21) – wie kann er, wenn er sich diesem Ruf verweigert, etwas anderes werden als eine Karikatur seiner selbst? Wir können das, wenn man sich einmal unwillkürlichen Eindrücken überlassen darf, manchmal geradezu mit Händen greifen. Wenn wir es wirklich mit einem rücksichtslosen Egoisten zu tun haben: mit einem unberechenbaren Chef, mit Leuten, die nur ans Geld denken, mit einem machthungrigen Mann des öffentlichen Lebens, der Menschen und Freundschaften nur benutzt, um sich selber weiterzubringen, mit einem Mietwucherer oder sonst einem Ausbeuter der Schwachen und Wehrlosen – sagen wir nicht spontan: Das ist doch kein Mensch mehr?

„Schwere" und „lässliche" Sünde

Nur selten äußert sich die Sünde gleichsam chemisch rein in einer einzigen, radikal boshaften Tat. Die Abkehr von Gott ist in der Regel eine Kette von sündigen Entscheidungen, die vielleicht jede für sich allein gar nicht so schwerwiegend sein müssen. In diesem Zusammenhang unterscheidet man gern zwischen „Todsünde", „schwerer Sünde" und „lässlicher Sünde". Mit „Todsünde" meint man dabei den seltenen Fall direkter Abkehr von Gott, den radikalen Stolz, den Gotteshass. „Schwer" ist eine Sünde, wenn sie sich nur indirekt gegen Gott selbst richtet, aber sich schwer an einem Mitmenschen verfehlt. Ein Mord etwa wäre im Sinne dieser Unterscheidung keine Todsünde, aber eine schwere Sünde. „Lässliche Sünde" ist eine Tat, die zwar nicht Gott und seiner Liebe gemäß, aber weit davon entfernt ist, sich bewusst von Gott zu trennen, weil es sich entweder um eine Geringfügigkeit handelt oder um etwas, was nicht in voller Freiheit und Einsicht geschieht.

Diese Unterscheidung der drei Arten von Sünde ist hilfreich, um Klarheit in unsere Gewissensbildung zu bringen. Sie ist aber geradezu gefährlich, wenn man sie, gegen ihre Absicht, missbraucht, um sich am Rande der „schweren Sünde" gerade noch vorbeizuschlängeln. Nicht selten denkt man ja: „Lässliche Sünde" – also „gerade noch erlaubt". Das kommt wohl von dem missverständlichen Wort „lässlich" – aber das neuere Wort „Wundsünde" war und ist wohl zu gekünstelt, als dass es sich hat einbürgern können. Wichtig ist jedenfalls: Die Unterscheidung von schwerer und lässlicher Sünde ist nicht dazu da, um unser Gewissen zu beruhigen, sondern um es zu schärfen. Wir sollten bedenken, dass es nicht die schweren Sünden sind, die unser christliches Leben so wenig überzeugend machen, sondern gerade die Staubschicht der täglichen kleinen Lieblosigkeiten, Versäumnisse, verpassten Gelegenheiten, Selbstsüchtigkeiten; sie bewirken, dass man sagt: Was hat denn der christliche Glaube schon Besonderes aus dem Menschen gemacht? Für unsere Gewissensbildung ist es also am besten, nicht zu sehr nach schwerer und lässlicher Sünde, sondern einfach nach dem zu fragen, was uns denn hier und jetzt an kleinen und größeren und vielleicht ganz großen Anforderungen begegnet – und es ganz ernst zu nehmen, wenn wir davor versagen, gleichviel, ob wir uns sagen dürfen, dass wir dadurch von Gott getrennt oder noch nicht getrennt sind. Es gibt auch den langsamen, unmerklichen Tod des Glaubens durch die Summe der so genannten „lässlichen" Sünden. Man hat nie etwas „Dickes" getan – aber man hat sich vor jedem kleinen Anspruch, den der Glaube im Alltag stellte, gedrückt. Am Ende weiß man gar nicht mehr, was Glauben und Leben aus dem Glauben heißt.

Moderne Sünden

Und wo ist heute die „Sünde“ besonders „aktuell“? Es gibt tatsächlich so etwas wie besondere „Zeitsünden“. Wir finden sie, wir können uns vor ihnen hüten, wenn wir umgekehrt auf die besonderen sittlichen Anforderungen achten, die einer bestimmten Zeit aufgegeben sind. Wenn es zum Beispiel besondere „Tugenden des modernen Menschen gibt“, von denen wir gesprochen haben, so sind Verstöße dagegen auch besondere „Zeitsünden“. Wir könnten auch fragen, in welchen Bereichen unseres Lebens denn heute besondere sittliche Verantwortung vonnöten ist. Man könnte – ohne lange Erklärung – folgende Bereiche möglicher „Zeitsünden“ besonders hervorheben: Bereich Nachbarschaft (Unterlassungssünden durch mangelnde Sorge um die Mitmenschen, vielleicht in einem großen Haus); Bereich Wirtschaft (hemmungslose Ausnutzung der „Marktlage“); Bereich Verkehr (leichtsinnige Missachtung der Verkehrsgesetze, Gefährdung anderer); Bereich Arbeitsmoral (Ausnutzung moderner sozialer Sicherheiten zur Faulheit); Bereich Politik (Ohnemich-Standpunkt bei Problemen, die nur gelöst werden können, wenn alle sich zusammentun); Bereich weltweite Hilfe (mangelnde Hilfsbereitschaft, wo es an den Geldbeutel geht, obwohl anderen das Existenzminimum fehlt).

Die „Hölle“

Und die Hölle? Sagen wir mit aller Klarheit: Die Hölle „gibt“ es. Nur ist sie sowenig wie der „Himmel“ ein „Ort“, den man beschreiben könnte. Hölle ist jener Zustand der Trennung von Gott, der durch die Sünde eintritt. Eigentlich beginnt die Hölle in der Sünde selbst, hier auf Erden. Nur gehen dem Menschen erst dann die Augen auf, wohin ihn die Selbstherrlichkeit gebracht hat, wenn er in der Sünde verharrt und so stirbt. Bei allen Diskussionen über den Zusammenhang zwischen Sünde und Hölle müssen wir beachten: Wir können von keinem Menschen von außen sagen, ob er sich wirklich total von Gott abgekehrt, geschweige denn, ob er in dieser Abkehr bis zum letzten bewussten Augenblick verharrt hat. Infolgedessen können wir auch von keinem Menschen sagen, ob er „in der Hölle ist". Nicht einmal von Menschen, bei denen unser ganzes Gefühl uns drängt, solches anzunehmen – denken wir an Judas, an Hitler, an Stalin, an die anderen toten Menschenmonster unserer Zeit –, dürfen wir eine solche Aussage wagen. So hat denn die Kirche zwar immer gelehrt, dass es die Hölle gibt, aber sie hat sich nie festgelegt, dass ein bestimmter Mensch ihre Strafe erleidet. Ein Theologieprofessor des 20. Jahrhunderts hat einmal gesagt: „Es kommt niemand in die Hölle, der es nicht selber will." Das klingt überraschend – aber es ist buchstäblich wahr.

Vergebene Sünde

Und ein Letztes in diesem Zusammenhang. Wir fragen heute nicht mehr nach der Sünde, als ob wir nichts von der Erlösung wüssten. Wir fragen nur noch nach einer Sünde, die Gott grundsätzlich vergeben *hat*. Nur deswegen können wir überhaupt der Wirklichkeit der Sünde voll und ganz ins Auge sehen. Erst aus der Überschwänglichkeit der Gnade Gottes in Christus gewinnen wir über alle Ahnung hinaus die volle Einsicht, dass es eine „Ursprungssünde" gibt (vgl. Röm 5,12-21). Aber Gott hat uns angenommen, wie wir sind, mit unserer Schuld, mit unserem Versagen. Wir sollen deshalb im letzten die Sünde nicht mehr fürchten. Wir sollen einfach bei Gott bleiben, der uns immer wieder neu annimmt, trotz allem, was wir immer wieder falsch machen.

Diese Grundwahrheit unseres Glaubens wirft noch einmal ein Licht auf die Frage nach der Hölle: Was soll denn Gott noch mit einem Menschen anfangen, der so selbstherrlich ist, dass er sich seine Schuld nicht vergeben lassen will? Er müsste ihm seine Freiheit nehmen, um ihn zu bekehren. Und das will Gott nicht. Dieser „Respekt" Gottes vor der Freiheit, die er dem Menschen gegeben hat, selbst auf das Risiko des Missbrauchs hin, ist der Grund, warum es die dunkle Möglichkeit gibt, die wir „Verdammnis" und „Hölle" nennen.

Diese Grundwahrheit birgt aber auch den tiefsten Trost in den Erfahrungen unseres Versagens, die wir täglich machen. Gott hat vergeben. Er muss nicht erst gleichsam „umgestimmt" werden. Uns bleiben daher keine komplizierten „Sonderwerke" zu tun, um gewissermaßen Gottes Strafe abzuwenden. Wir brauchen nur immer neu und mutig zu tun, was wir im Evangelium als Inhalt der Predigt Jesu lesen: „Kehrt um und glaubt an die Frohbotschaft" (Mk 1,15).

10. Kapitel

Müssen die Säuglinge getauft werden?

Fragt man Eltern, die ihr Kind zur Taufe bringen, was denn durch die Taufe mit ihrem Kind geschehe, so antworten sie vielleicht: Es wird ein Gotteskind. Fragt man dann weiter, ob es denn vorher ein Teufelskind gewesen sei, so werden dieselben Eltern gewiss antworten. Um Gottes willen, nein! Eigentlich ist diese Antwort, verglichen mit der ersten, nicht ganz folgerichtig. Und doch hat sie recht. Im Epheserbrief lesen wir: „Er – der Gott und Vater unseres Herrn Jesus Christus – hat uns auserwählt in ihm – Jesus Christus – vor Grundlegung der Welt… Er hat uns vorherbestimmt zur Kindschaft vor ihm durch Jesus Christus, nach dem huldvollen Ratschluss seines Willens, zum Preis der Herrlichkeit seiner Gnade“ (Eph 1,4-6). Kein Kind kommt gleichsam in den Krallen des Teufels zur Welt. Jedes Kind steht vom Anfang seines Lebens an unter dem „huldvollen Ratschluss“ der „Gnade“ Gottes, der es zur Gotteskindschaft vorherbestimmt.

Gottes erstes Wort über das Leben

Und doch ist es richtig, dass das Kind durch die Taufe ein Gotteskind wird. Was heißt das aber, und wie kann die Taufe das bewirken? Gehen wir einmal von dem aus, was wir bei der Tauffeier sehen und hören. Da geschieht nämlich keine Zauberei – seit wir inzwischen jedes Wort in der Muttersprache verstehen, ist es endgültig mit solch einem bösartigen Vergleich vorbei. Da ist also die Kirche, die Gemeinschaft der Glaubenden, verkörpert durch die Gemeinde oder wenigstens durch die Familie und ihre Freunde, die das Kind zur Taufe bringen. Diese Kirche blickt auf das Leben eines Menschen, eines gerade geborenen oder eines schon herangewachsenen Menschen. Über dieses Leben hat sie im Namen Gottes durch den Taufenden – den Priester oder den Diakon oder im Notfall durch jeden bereitwilligen Christen – ein Wort zu sagen, das grundsätzlichste und umfassendste Wort, das überhaupt über ein Menschenleben gesagt werden kann. „Wisst ihr nicht, dass wir alle, die wir getauft wurden auf Jesus Christus, auf seinen Tod getauft wurden? … Wenn wir aber starben mit Christus, so glauben wir, dass wir auch leben werden mit ihm…" (Röm 6,3.8). So drückt Paulus es aus. Andere Worte, die uns in der Heiligen Schrift und ebenso bei der Tauffeier begegnen, sagen unter anderen Gesichtspunkten dasselbe: Dieser Mensch ist „Kind Gottes", „Tempel des Heiligen Geistes". Der Täufling bekommt es mit dem zu tun, was Jesus Christus in die Welt gebracht hat. Sein Leben steht unter dem Vorzeichen von Tod und Auferstehung Jesu. Es ist ein Leben auf den Tod hin – wie das Leben Jesu. Aber dieser Tod setzt der Macht des lebendigen Gottes keine Schranken. Das Leben des Getauften ist dazu bestimmt, durch allen Tod hindurch *nur* Leben und *vollendetes* Leben zu sein.

Welches Wort über das menschliche Leben könnte wichtiger und umfassender sein als dies, dass es wirklich *Leben* sein darf und nicht nur ein über die Jahre zerstrecktes Sterben? Dieses Wort also sagt die Kirche über den Täufling. Und eben deshalb muss sie auch das andere Wort hinzufügen: Du bist frei von der Macht der Sünde, die Sünde ist dir vergeben, die persönliche Sünde ebenso wie die überpersönliche Sündigkeit, in die der Mensch hineingeboren wird und die wir „Erbsünde" oder besser „Ursprungssünde" nennen. Denn Sünde heißt Tod, weil sie von der Quelle des Lebens abschnürt, von Gott. Der Mensch kann nicht leben und zugleich in der Sünde sein. Deshalb muss die Taufe von der Sünde befreien oder sie könnte nicht sein, was sie ist.

Taufe und Glaube

Das Wort der Taufe wirkt freilich nicht selbsttätig. Es will angenommen, beherzigt, bewahrt werden, es soll Geist und Sinne schärfen, dass sie das Leben ganz neu anschauen, es soll Anfang einer ganz neuen Art zu leben und zu handeln sein, kurz: es will *geglaubt* werden. Deshalb gliedert die Taufe den Täufling in die Kirche ein. Denn die Kirche ist die Gemeinschaft derer, die das Wort des Lebens im Glauben ergriffen haben. Das ist überhaupt die schönste und tiefste Wesensbestimmung der Kirche und eine der ältesten dazu: Sie ist „Gemeinschaft der Glaubenden". Und weil wir uns den Glauben nicht selbst gegeben haben, sondern von Gott in den Glauben berufen wurden (siehe das 4. Kapitel), ist es dasselbe, wenn das Zweite Vatikanische Konzil das Wesen der Kirche so bestimmt: Sie ist das von Gott zusammengerufene Volk Gottes. Wer den Glauben durch die Taufe neu ergreift, kann gar nicht anders, als sich dieser Gemeinschaft, diesem Volk anzuschließen – wer glaubt, gehört dadurch zu den (anderen) Glaubenden. So hat die Taufe, wie man es gern ausdrückt, auch eine *rechtliche*

Wirkung: Sie macht den Täufling zum Glied der Gemeinschaft der Kirche mit allen Rechten und Pflichten, die in dieser Kirche aus Gründen des gemeinsamen Glaubens gelten.

Man könnte sich durchaus vorstellen, dass es in der Taufe beim Wort bliebe. Dass alles sich auf einen nüchternen Wortwechsel von Verkündigung und Glaubensbekenntnis beschränkt. Dass ein schriftliches Dokument über die Aufnahme in die Kirche ausgestellt wird. Doch menschlich ist es nicht, solch wichtige Dinge auf solch alltägliche Weise zu erledigen. So ist es eigentlich selbstverständlich, wenn die Kirche seit ältesten Tagen diesen „Wortwechsel" und die Aufnahme in ihre Gemeinschaft in Gestalt einer Feier, im Rahmen einer sinnbildlichen Handlung vollzieht. Dabei verwendet sie ein Element, dessen sinnbildliche Bedeutung Menschen aller Kulturen verstehen können: Wasser. Seine Tiefe und sein mitreißendes Strömen sind Sinnbild des Untergangs, des Todes mit Christus. Seine Frische versinnbildet das neue Leben mit dem Auferstandenen. Seine Reinheit versinnbildet die Befreiung von der Schuld. Und auch die unmittelbar bei der Taufhandlung gesprochenen Worte fassen noch einmal das Wort der Taufe über das Menschenleben zusammen: „Im Namen des Vaters" – der uns erschaffen hat und am Anfang jedes Menschenlebens steht – „und des Sohnes" – der uns durch sein Leben, Leiden und Sterben dem Leben selbst zurückgeschenkt und von der Last der Schuld befreit hat – „und des Heiligen Geistes" – der uns mit Gott und untereinander in Glaube und Liebe vereint. So hat es die Kirche von Jesus selbst gelernt, und weil Jesus dabei schon an Vorbilder in seiner Umgebung anknüpfte, wurde die christliche Taufe in der Kirche sofort zur Selbstverständlichkeit.

Die Kindertaufe

Bis auf die Kindertaufe. Darf und soll man wirklich die Taufe schon den kleinen Kindern, ja den Säuglingen spenden? Blicken wir zurück! Ist es sinnvoll, das Wort vom Sterben und Auferstehen mit Christus wie ein Vorzeichen über ein Menschenleben gleich an seinem Beginn öffentlich zu sagen? Ganz gewiss – jedenfalls gibt es keinen zwingenden Einwand dagegen. Ist es angebracht, gleich zu allem Anfang zu sagen, dass dieses Leben nicht mehr unter der Todesmacht der Sünde steht und deshalb das geschenkte Leben Gottes nicht mehr verlieren muss? Ganz gewiss kann man das nicht verbieten. Kann man einen Säugling schon zum Mitglied einer Gemeinschaft machen? Ganz gewiss – er wird ja durch seine Geburt auch Mitglied der bürgerlichen Gemeinschaft und hat schon Rechte, die ihm niemand streitig machen kann. Nur kann das Kleinkind zu all dem noch nicht sein eigenes Ja sprechen, es kann noch nicht persönlich glauben. Deshalb ist die Kindertaufe nur dann rechtens und sinnvoll, wenn sichergestellt ist, dass das Kind hernach in einer christlichen Familie aufwächst, die ihm in geeigneter Form die Wege zum persönlichen Glauben weist. Die persönliche Vorbereitung auf die Taufe, die auch heute noch von jedem erwachsenen Täufling verlangt wird, hat bei der Kindertaufe die Form der christlichen Erziehung.

Natürlich kann es christliche Kindererziehung auf eine *spätere* Taufe hin ebenso geben wie die persönliche Taufvorbereitung eines erwachsenen Menschen. Deshalb *müssen* die Kinder nicht im Säuglingsalter getauft werden. Ob aus der Kindertaufe nämlich wirklich gläubiges Leben wird, ob sie nicht vergeblich gespendet wurde, muss sich erst noch zeigen, wenn der heranwachsende Mensch sich in der Freiheit seines Herzens mit der Botschaft des Glaubens auseinandersetzen kann. Der als Kind Getaufte hat darin vor dem Neubekehrten etwa in einem Missionsgebiet keinen Vorteil. In einer christlichen Familie aber *dürfen* die Kinder getauft werden. Für die Freiheit des Glaubens besteht dabei grundsätzlich keine Gefahr. Eine christliche Erziehung verdiente diesen Namen nicht mehr, wenn sie zu einer Art Glaubensdressur ausartete. Sie muss vielmehr dem heranwachsenden Menschen jeweils seiner Altersstufe gemäß den Glauben als etwas zeigen, was nur er persönlich entscheiden kann und kein anderer für ihn. Steht es aber so, dann ist es kein Hemmnis, sondern eine Hilfe, wenn die Taufe selbst schon eine Tatsache ist. So entscheidungsfreudig ist der Mensch im Durchschnitt nicht. Ein ruhiges Hineinwachsen in eine Entscheidung, das die Freiheit zur Ablehnung nicht nimmt, ist im Normalfall dem ruckartigen Entschluss vorzuziehen, der nur zu leicht aus gar nicht triftigen Gründen immer wieder vertagt wird.

Gott hat uns zuerst geliebt

Aber außer diesem sehr menschlichen Grund gibt es noch einen wichtigeren sachlichen Grund. *Einen* Gesichtspunkt an der Taufe bringt die Kindertaufe nämlich deutlicher heraus als die Erwachsenentaufe: dass Gott uns *zuerst* geliebt und beschenkt hat. Und dass all unser Glaube und all unsere Taufvorbereitung die Taufe nicht *verdienen*. Das kleine Kind kann sich noch nicht auf die Taufe vorbereiten. Indem wir es zur Taufe bringen, bekennen, ja demonstrieren wir in aller Öffentlichkeit, dass Gottes Gnade in unserem ganzen Leben immer am Anfang steht:

nicht der Lohn für unsere Leistung, sondern das unverdienbare Geschenk, das unserem Leben von allem Anfang an Halt und Führung gibt. Deshalb ist es am besten, wenn christliche Familien, wie es seit Jahrhunderten in der Kirche Brauch ist, ihre Kinder bald nach der Geburt zur Taufe bringen. Es ist auch gut, wenn man damit heute im Gegensatz zu früher so lange wartet, bis sich ein besonders günstiger Termin ergibt, an dem die ganze Familie und besonders die Mutter dabeisein können. Denn die Kindertaufe ist nach allem, was wir hier überlegt haben, die Glaubensfeier der christlichen Familie.

11. Kapitel

Warum sollen wir sonntags zur Messe gehen?

Es ist ein Gebot der Kirche: Jeder katholische Christ soll an den Sonntagen und an den kirchlichen Feiertagen an der heiligen Messe teilnehmen. Das hat uns der Religionsunterricht eingeprägt. Und auch dies: Wir werden vor Gott schuldig, wenn wir ohne gute Gründe unsere „Sonntagspflicht" versäumen. Warum dieses Kirchengebot? Will die Kirche uns den einzigen Vormittag der Woche, der einmal ohne Hetze ist, verderben? Können wir nicht auch zu Hause beten?

„Freizeit" des Glaubens

Darauf gibt es seit einiger Zeit eine gute Antwort. Die deutschen Bischöfe haben nämlich zur Vorbereitung der Gemeinsamen Synode der Bistümer Deutschlands (1972 bis 1975) eine Umfrage unter den Katholiken in Auftrag gegeben, in der unter anderem auch gefragt wurde, aus welchen Gründen und mit welchen Erwartungen man sonntags zur Messe komme. Dabei stellte sich Folgendes heraus: Es gehen zwar längst nicht alle Katholiken sonntags zur Messe – im Durchschnitt höchstens 30 Prozent. Von denen aber kommen weit über die Hälfte vor allem deswegen, weil sie sich Ruhe zum Gebet und damit die Möglichkeit erhoffen, Gott, Jesus Christus zu begegnen. Denn dazu findet man während der Woche, in der Hetze des Berufslebens, keine oder nur wenig Zeit. Mit dem Verdacht, die Kirche wolle uns schikanieren, ist es also nicht so weit her. Im Gegenteil, die Kirchenbesucher scheinen geradezu dankbar zu sein, dass die Kirche hier ein wenig Druck dahinter setzt, denn sie spüren, dass es ihrem Glauben und ihrem christlichen Leben gut tut.

Wenn man also fragt: Warum sollen wir sonntags zur Messe gehen?, so lautet die erste Antwort: Weil wir im Glauben eine Art „Freizeit" machen wollen und darauf einen Anspruch haben. Wir kommen ja deswegen in der Woche kaum zur Ruhe, weil wir an so vieles zu denken und so vieles zu tun haben. Als Christen müssen wir sorgen, dass all dies aus dem Glauben geschieht und die Liebe nicht verletzt. Damit ist unser Glaube in der Regel so vollauf beschäftigt, dass er gar keine Zeit und keine Kraft mehr hat, sich auf sich selbst zu besinnen, und das heißt: auf das, was Gott an uns getan hat und immer noch tut. So braucht unser Glaube eine „Freizeit", wie auch unsere Arbeitskraft die Zeit der Erholung braucht. Der sonntägliche Kirchgang ist eine solche Freizeit des Glaubens. Er kann und soll es jedenfalls sein. Denn hier lösen wir uns aus dem Ansturm der Alltagspflichten. Wir treffen mit Menschen zusammen, die den gleichen Glauben haben. Wir brauchen niemandem etwas zu erklären. In Gebet, Lesung, Predigt und Feier werden wir immer neu dessen inne, was unser Glaube uns bedeutet, wie wir durch Jesus Christus mit Gott verbunden sind, was wir von Gott erhoffen dürfen und welche Wirkungen das in unserem Leben haben muss. Und wie zum Beispiel ein Familienfest, wenn es gut gefeiert wird, entspannt und neue Kraft gibt für die Arbeitstage, die dem Fest folgen, so kann auch die Sonntagsmesse, wenn sie richtig und gut gestaltet und gefeiert wird, unserem Glauben Kraft geben für die Aufgaben in der folgenden Woche.

Die Feier

Vielleicht meint jemand, das sei doch nur eine vorläufige Antwort. Aber sie enthält im Grunde alles, was wir über die Sonntagsmesse zu sagen haben. Was geschieht denn in der Sonntagsmesse? Gebet, Lesungen, Predigt umrahmen eine Feier, deren Höhepunkt ein gemeinsames Essen und Trinken ist. Würde man einen Menschen, der noch nie etwas vom christlichen Glauben gehört hat, in eine Sonntagsmesse mitnehmen und ihn nachher fragen, wie er das Ganze nennen würde, so wäre die Antwort wohl: Es handelt sich um ein weitläufig vorbereitetes Essen und Trinken. Er würde es vielleicht nicht ein „Mahl" nennen, denn man sitzt ja nicht an Tischen mit Tellern und Bestecken vor sich – daran hindert schon die viel zu große Zahl der Besucher. Aber möglicherweise würde er das, was er gesehen hat, mit einem „Empfang" vergleichen, wie man ihn zum Beispiel bei einem Jubiläum oder an einem Geburtstag für viele Personen auf einmal gibt: Kein Besucher kennt jeden anderen Besucher, aber alle kennen wenigstens diese und jene. Man steht oder sitzt zwanglos beisammen, spricht über das Ereignis, das Anlass für den Empfang ist, es hält auch jemand eine Begrüßungs- und Gedenkrede, es werden Erfrischungen gereicht, Schnittchen und Getränke – nicht um die Gäste satt zu machen wie bei einer Mahlzeit, sondern um eine Atmosphäre der Gemeinschaft zu schaffen. Es ist eine alte Erfahrung, dass nichts so sehr Menschen miteinander verbindet, wie wenn sie miteinander gegessen und getrunken haben.

Das „Letzte Abendmahl" Jesu

Der Vergleich mit einem „Empfang“ hilft tatsächlich, die Messe in der Form, wie wir sie kennen, besser zu verstehen. Vor allem passt dieser Vergleich genau zu unserer Überlegung, dass die Messe eine Art Freizeit des Glaubens ist. Aber Vergleiche hinken auch. Wenn wir selbst die geeignete Form für eine Freizeit des Glaubens zu erfinden hätten, würden wir dann auf so etwas wie einen Empfang verfallen – und würden wir ihn gerade so gestalten, wie die Messe heute verläuft? Wohl kaum! Wir müssen also noch weiter fragen: Was ist das Besondere an der Messe, und warum hat sie gerade diese Gestalt? Dabei stoßen wir auf den entscheidenden Grund: Die Messe ist so und nicht anders, weil Jesus selbst sie eingesetzt hat – nicht in allen Einzelheiten, die wir gewohnt sind, aber in ihren wesentlichen Grundzügen. Die Feier, die heute „Messe“ heißt, geht zurück auf jene Feier, die Jesus mit seinen Jüngern am Vorabend seines Leidens gehalten hat und die wir darum das „letzte Abendmahl“ nennen. Deshalb heißt in den evangelischen Kirchen auch heute noch die Feier, die der Messe entspricht, „Abendmahl“. Die Messe ist die Wiederholung des Abendmahls, getreu der Aufforderung, die Jesus selbst am Ende des Mahles seinen Jüngern mit auf den Weg gegeben hat: „Tut dies zu meinem Gedächtnis“.

Über das Abendmahl Jesu gibt es im Neuen Testament vier Berichte (Mt 26,17-29; Mk 14,12-25; Lk 22,7-23; 1 Kor 11,23-29). Sie stimmen nicht wortwörtlich überein, weil jeder Berichterstatter seine eigenen Anliegen und Gesichtspunkte mit der Darstellung verbindet. Aber im Wesentlichen sind sie einig. Auf drei Dinge müssen wir achten.

1. Jesus wählt die Form des jüdischen Ostermahls. Dieses Ostermahl war ein Gottesdienst. Essen und Trinken waren auch hier von dem umrahmt, was wir auch aus der Messe kennen: Gebete, Lieder, Lesungen, eine Predigt dessen, der den Vorsitz beim Mahl führte. Thema dieses Mahlgottesdienstes waren die großen Taten, die Gott seinem Volk erwiesen hatte, vor allem die Befreiung aus der Knechtschaft in Ägypten. Daran wollte man sich beim Ostermahl immer wieder erinnern und Gott dafür danken.
2. Das Ostermahl erinnerte an den Alten Bund Gottes mit dem Volke Israel. Jesus spricht aber von einem Neuen Bund. Der tritt an die Stelle des Alten Bundes. Von diesem Neuen Bund sagt Jesus: Er besteht „in meinem Blut“. Im Abendmahl nimmt Jesus seinen bevorstehenden Tod gleichsam unblutig vorweg: Diese Feier, die die Jünger jetzt miterleben, versetzt sie in den Neuen Bund mit Gott, den Jesus durch seine Hingabe in den Tod begründet. *Nach* dem Tode und der Auferstehung Jesu wird aus der Vorwegnahme das *Gedächtnis*. Jede Feier der Messe stellt die Teilnehmer so in den Neuen, im Tode Jesu besiegelten Bund mit Gott hinein, wie das im Abendmahlssaal an den Jüngern Jesu geschah.

Opfer des Neuen Bundes

3. Beim alten Ostermahl aß man zum Gedächtnis an den Auszug aus Ägypten ein gebratenes Lamm. An dessen Stelle setzt Jesus Brot und Wein. Über diese Gaben spricht Jesus aber ein tief geheimnisvolles Wort: „Dies ist mein Leib, der für euch hingegeben wird“ – „Dies ist der Kelch in meinem Blute, das für euch und für

die vielen vergossen wird". Zunächst sagen uns diese Worte noch einmal: Die Hingabe Jesu in den Tod ist in dieser Feier gegenwärtig, und diese Hingabe gilt zugleich dem Vater im Himmel und den Menschen. Deswegen nennt man auch seit langer Zeit die Messe das „Opfer des Neuen Bundes". Denn wo früher das Opfer des Osterlammes stand, da steht jetzt die Hingabe Jesu an Gott für die Menschen. Im Unterschied zu den alten Opfern gilt die Hingabe Jesu aber ein für allemal, darum ist die Messe *kein neues Opfer* und auch *keine Wiederholung* des Kreuzesopfers, sondern die *Vergegenwärtigung* des einen, ein für allemal geschehenen Kreuzestodes Jesu, der als das Opfer des Neuen Bundes an die Stelle des Osterlammes und aller Opfer des Alten Bundes getreten ist.

Gegenwart Christi

Die Worte Jesu sind aber noch in einer anderen Hinsicht geheimnisvoll. Jesus setzt sich mit den Gaben gleich, die er den Jüngern reicht und zu seinem Gedächtnis zu reichen befiehlt. Denn „das ist mein Leib – das ist mein Blut": das bedeutet: „das bin ich". Wie soll man das verstehen? Die Geschichte der Kirche kennt eine Fülle von Erklärungsversuchen. Kein einziger kann das Geheimnis dieser Worte ganz aufhellen, auch wir können es nicht. Aber wir können eine Richtung angeben, in der wir uns die Gleichsetzung Jesu mit den Gaben oder, wie wir jetzt besser sagen: die Gegenwart Christi in den Gaben vorstellen können.

Eines ist klar: Es handelt sich nicht um irgendeine Zauberei. Weder verwandeln sich das Brot und der Wein äußerlich in Jesu Leib und Blut, noch ist Jesus seiner irdischen Gestalt nach irgendwie in Brot und Wein. So gesehen, sind Brot und Wein in ihrer äußeren Gestalt – Form, Farbe, Geschmack, Bestandteile – das *Zeichen* der Gegenwart Christi. Wie kann aber eine Person sich mit den Zeichen, die ihre Gegenwart bezeichnen, gleichsetzen? Denken wir uns einen Ehemann, der seiner Frau jedes Jahr am Hochzeitstag 25 Rosen schenkt, wie er sie bei der Vermählung geschenkt hat. Was würde das bedeuten? Der Mann würde damit seiner Frau sagen: In diesen Rosen steckt der Ausdruck derselben Liebe zu dir wie bei der Hochzeit. Diese Rosen sind meine Hingabe an dich, heute so wie damals. Mit diesem Vergleich sind wir ganz nahe am Geheimnis der Worte Jesu: Jesus ist nicht materiell gegenwärtig, er ist *persönlich* gegenwärtig, unsichtbar, aber wirklich; er ist gegenwärtig durch seine Liebe; und diese Liebe ist dieselbe wie die, die ihn für uns in den Tod gehen ließ, ausgedrückt in denselben Gaben wie denen, die er damals im Abendmahl reichte.

Nur eines ist anders als in dem Beispiel mit den Rosen, und hier scheitert unsere Vorstellungskraft: Auch das ausdrucksstärkste Zeichen, das Menschen sich ausdenken können, hebt den Unterschied zwischen dem Zeichen und dem, der es gibt, nicht auf. Die Rosen sind nicht der Mann. Vor allem aber: Der Mann könnte ja auch nur so tun als ob, er könnte Liebe heucheln – menschliche Zeichen sind nie völlig zuverlässig. Beides fällt bei Jesus weg. *Seine* „Zeichen" sind völlig zuverlässig. Heuchelei ist völlig ausgeschlossen. Und weil er nicht mehr unser Leben in Raum und Zeit teilt, kann er auch den Unterschied zwischen Zeichen und Person aufheben, er kann seine ganze Wirklichkeit unsichtbar in die Zeichen seiner Hingabe hineingeben. Das können wir uns in der Tat nicht mehr vorstellen, wir können es nur dem Worte

Jesu glauben und in diesem Glauben uns seiner Nähe bei uns freuen.

Die Gegenwart Christi, der für uns in den Tod gegangen und von Gott auferweckt worden ist – das ist, wie wir im 2. und 3. Kapitel sahen, die Nähe Gottes selbst, die unser Leben heil macht. Unser ganzer Glaube kommt also in der Messe zusammen: Wir hören die Botschaft (Lesungen), lernen, sie in unser Leben zu stellen (Predigt), feiern das Gedächtnis jener Ereignisse, in denen Gott uns unwiderruflich nahegekommen ist, nämlich Tod und Auferstehung Jesu, erfahren seine Gegenwart im Empfang der Gaben, lassen uns an die Konsequenzen für unser Leben erinnern... Darum nennt die Liturgiekonstitution des Zweiten Vatikanischen Konzils die Messe den „Höhepunkt, dem das Tun der Kirche zustrebt, und zugleich die Quelle, aus der all ihre Kraft strömt" (Artikel 10). Das meint nicht, wir müssten immer in Hochstimmung sein, wenn wir an der Messe teilnehmen. Es ist ein *sachlicher* „Höhepunkt". Nirgendwo im Tun der Kirche und im christlichen Leben ist der ganze Glaube so unter allen Gesichtspunkten zusammengefasst, nirgendwo kann er sich so konzentriert auf sich selbst besinnen wie in der Messe.

Mitfeier der Messe

Nun kommt allerdings alles darauf an, dass diese sachliche Zusammenfassung des Glaubens uns auch wirklich zur Besinnung führt. Daher zum Schluss einige Hinweise zur Mitfeier der Messe.

Zunächst: Zur Messe kommen wir nicht, wie man zur Zwangsarbeit antritt. Wir sollten den Mut zu einer gewissen entspannten Zwanglosigkeit haben – wie bei guten

Freunden, wo man nicht allzu förmlich sein muss. Also ruhig Bekannte begrüßen, ein leises Wort wechseln, vor der Kirche oder auch in der Kirche. – Wir brauchen uns auf die Messe nicht „vorzubereiten". Sie hat ihren eigenen Vorbereitungsteil: Eingangslied, Schuldbekenntnis, Gebet. Hier sollten wir uns denn auch einstimmen lassen und uns bewusst werden, dass es nun um das Atemholen unseres Glaubens geht; und dass nun der Alltag und die Sorgen einmal draußen vor der Tür bleiben sollen. – Den Lesungsteil sollten wir hören, wie man guten und interessanten Nachrichten zuhört: nicht krampfhaft „andächtig", sondern zuerst einmal neugierig, aufmerksam, auf Feinheiten achtend, besonders bei bekannten Texten. Zwischengesänge (oder auch die Stille zwischen zwei Lesungen) haben die Aufgabe, ein dankendes Ja zu Gottes Wort zu sprechen. Die „Anwendung" auf unser Leben ist das Amt des Predigers. Auf den Prediger sollte man also genauso neugierig sein, wie auf die Lesung. Allerdings ist es diesmal eine grundsätzlich kritische Neugier. Die Grundfrage ist immer: Trifft das, was der Prediger sagt, wirklich mein Leben – oder hat er davon keine Ahnung? Erst in solcher kritischen Auseinandersetzung – wenigstens innerlich, aber später auch im Gespräch in der Familie und mit dem Prediger – „kommt eine Predigt an". – Glaubensbekenntnis und Fürbitte sind die doppelte Antwort auf das Gehörte: das Ja zu Gottes Nähe bei den Menschen, die uns Mut gibt, ihn für uns und für die anderen zu bitten.

Nach der Gabenbereitung – bei der man vor allem entspannt zusehen sollte! – beginnt das Herzstück der Messe: das Hochgebet. Hier sollten wir nun im Zuhören und Mitbeten all das zu entdecken suchen, was wir bereits als das Wesentliche der Messe bedachten. Vor allem sollten wir versuchen, den großen Bogen zu erkennen, der von der Aufforderung zum Danken über die Aufzählung der Großtaten Gottes zum Bericht von der Einsetzung der Messe führt, durch die wir Tod und Auferstehung Jesu verkünden, bis er wiederkommt, und damit endet, dass wir um Jesu Christi willen sagen dürfen, was kein Mensch sich selber ausdenken kann: Vater unser. – Der Empfang der Kommunion sollte das Normale bei einer Messfeier sein – manchmal hat man den Eindruck, dass viele Messbesucher dem Tisch des Herrn fernbleiben aus Gründen, die gar keine sind. Und die Kommunion sollte bewirken, was ihr Name sagt: Gemeinschaft, Friede. Es ist deshalb gut, wenn *nachher*, am Ende der Messe, aber als ihr Bestandteil, die Vermeldungen folgen, die ganz konkrete Hinweise auf das Leben der Gemeinde und ihre Aufgaben nennen.

Die entspannte gemeinschaftliche Atmosphäre sollte nach der Messe anhalten: Man muss sich ja nicht so schnell wie möglich aus dem Wege gehen. Man kann einen Plausch halten, man kann zusammen heimgehen, man kann vielleicht mit dem Prediger diskutieren, einen Stehkaffee (oder einen Frühschoppen) halten und dergleichen mehr. Wer die Messe so besucht und erlebt, für den wird die Messe nie eine lästige Pflicht, die man durch Gebote einschärfen müsste.

Sonntagspflicht?

Und wenn sie doch einmal eine lästige Pflicht wird? Nun, dann gilt zunächst einmal, was wir schon andeuteten: Es ist heilsam, sich ein wenig unter Druck setzen zu lassen, denn sonst würde die „Schwachheit des Fleisches" schnell Oberhand gewinnen. Es gibt gewiss keinen

Grund zur Höllenangst, wenn wir heute einmal aus guten Gründen zu Hause bleiben, die unsere Großeltern nicht als gute Gründe anerkannt hätten. Aber oft ist die Grenze zu faulen Ausreden schwer zu ziehen. Man sollte sich daher zur Pflicht machen, regelmäßig sonntags zur Messe zu gehen, auch wenn man einmal nicht besonders in „Stimmung" für die „Freizeit des Glaubens" ist. Eines nämlich kann man immer: einfach danken. Für die vergangene Woche, für den Glauben, für alles. Und „Dank" ist nur ein anderer Name für die ganze, gewöhnlich „Messe" genannte Feier: „Eucharistie".

12. Kapitel

Sollen wir uns noch firmen lassen?

Die Frage dieses Kapitels möchte man eigentlich mit einer Gegenfrage beantworten: Soll man einen Blumenstrauß annehmen, wenn er einem geschenkt wird? Man muss ihn natürlich nicht annehmen, aber seltsam wäre es doch, wenn man es nicht täte. So muss man auch nicht gefirmt sein, um in der Gemeinschaft mit Gott zu sein, aber seltsam wäre es doch, wenn man die Firmung ausschlüge.

Taufe und Firmung

Zugegeben: So mitten im Leben der Kirche und des einzelnen Christen wie Taufe und Eucharistie steht die Firmung nicht. Auch die Heilige Schrift spricht von dem, was wir heute „Firmung" nennen, nicht halb so ausführlich wie über Taufe und Herrenmahl (vgl. Apg 8,12-17; 19,1-7). Zudem wirkt die Firmung auf uns irgendwie „kompliziert": Meist kommt dazu der Bischof; und da das nicht sehr oft möglich ist, versammeln sich die Firmlinge dann in großer Zahl und es wird äußerlich eine richtige Massenveranstaltung, bei der alle Beteiligten sich ein wenig erleichtert fühlen, wenn sie es „hinter sich" haben.

Doch gibt es gute Gründe, dass wir uns firmen lassen. Gehen wir, wie bei der Taufe, wieder von dem aus, was wir bei der Firmung sehen und hören. Der Bischof erfragt zunächst in mitten der Gemeinde wie bei der

Taufe (und wie bei der Tauferneuerung in der Osternacht) das Glaubensbekenntnis der Firmlinge. Dann legt er jedem einzelnen Firmling die Hand auf, zeichnet ihm nach uraltem Brauch mit Öl ein Kreuz auf die Stirn und sagt dabei: „Sei besiegelt durch die Gabe Gottes, den Heiligen Geist. Der Firmling antwortet: „Amen". Darauf der Bischof: „Der Friede sei mit dir!" Der Vorgang erinnert stark an die Taufe. Nur steht an der Stelle des Wassers das Öl, und statt „Ich taufe dich" heißt es „Sei besiegelt". Ist die Firmung also nur eine abgewandelte Wiederholung der Taufe – und gerade deshalb vielleicht überflüssig, wenn man nur seine Taufe ernst nimmt?

Richtig ist, dass die Firmung tatsächlich gleichsam der zweite Teil der Taufe ist. Der Bischof „konfirmierte", das heißt: bestätigte die gerade vollzogene Taufe. Darum hat man in der Alten Kirche die Firmung unmittelbar nach der Taufe gespendet, auch bei Kleinkindern. Und darum wird sie wie die Taufe auch nur einmal gespendet. Als die Kirche größer wurde und der Bischof nicht bei jeder Tauffeier dabei sein konnte, kam er in regelmäßigen Abständen in die Gemeinden und „konfirmierte" bei dieser Gelegenheit alle in der Zwischenzeit gespendeten Taufen. So hat sich allmählich die Firmung von der Taufe losgelöst und wurde ein eigenes Sakrament.

Um so wichtiger ist ein Unterschied, der sich in der ganzen geschichtlichen Entwicklung der Firmungsfeier durchhält: Die Firmung hat mit dem Glauben des erwachsenen Menschen zu tun. Sie zielt auf den reifgewordenen Glauben, will dazu Kraft verleihen. Wir erkennen den Sinn der Firmung, wenn wir auf den Unterschied zwischen einem angefangenen Glauben, der sich in der Taufe ausdrückt, und einem reifgewordenen Glauben achten.

Erwachsener Glaube

Je mehr Christen in ihren Glauben hineinwachsen, desto mehr entdecken sie, dass sie den Glauben in immer neuen und unerwarteten Belastungsproben bewähren müssen. Nicht selten ist ihr Glaube auch offener und verdeckter Verfolgung ausgesetzt. Auf der anderen Seite ist ihr Glaube nicht nur Privatsache. Vielmehr sind die Christen allen Menschen das Zeugnis des Wortes und des christlichen Lebens schuldig. Gleichzeitig aber erleben sie, dass die eigene Glaubenskraft beschränkt ist und manchmal am Ende zu sein scheint. Der Glaube bleibt hinter dem zurück, was von ihm gefordert ist. Das Leben im Glauben wird lustlos und freudlos, zur Routine, zum mitgeschleppten Ballast. Auf die Mitmenschen strahlt nichts mehr aus. Anfeindungen machen schwach, man schließt Kompromisse, geht den Weg des geringsten Widerstandes. „Sendung in die Welt", „Auftrag des Christen in der Welt" werden schöne Worte, geeignet für Katholikentage und Festpredigten, nicht für das Leben.

Wenn es so um den Glauben steht, sind zwei Dinge vonnöten: Durchhaltevermögen und missionarischer Schwung, ein mündiger, realistischer Glaube, der missionarisch aktiv wird. Genau in diese Situation gehört heute die Firmung hinein. Wie in der Taufe, so spricht auch hier die Kirche in Gottes und Jesu Namen ein Wort des Glaubens über das Leben des Menschen. Es ist gleichsam eine Erklärung zu dem ganz grundsätzlichen Glaubenswort, das die Taufe über das Leben des Menschen sagt, nämlich: Der Glaube kann tatsächlich dieses Durchhaltevermögen, diese Charakterstärke, diesen missionarischen Schwung gewinnen, deren er bedarf. Dies kann die Kirche sagen aufgrund ihrer eigenen Erfahrung mit der Kraft, die Gott dem Glauben geschenkt hat. So ist die Firmung, durch Wort und Zeichen der Kirche, die Zusage Gottes, dass dem Menschen wirkliche Glaubenskraft nicht fehlen soll. Wer sich firmen lässt, verlässt sich darauf, er und sie versprechen, durchzuhalten und aktiv Zeugnis zu geben – und so nimmt sie die Kirche gleichsam noch einmal in die Gemeinschaft der erwachsenen Gläubigen auf. Das ist um so sinnvoller, als wir ja in der Regel als Kinder getauft wurden, wo wir zu einer echten Glaubensentscheidung persönlich noch nicht fähig waren.

Leben aus der Firmung

Dies alles ist, wie schon gesagt, nicht unser Werk. Glaubenskraft und missionarischer Schwung sind Gabe Gottes, der uns überhaupt den Glauben gegeben hat. Deshalb ist die Firmung insbesondere mit dem Namen des Heiligen Geistes verbunden. „Sei besiegelt mit der Gabe Gottes, dem Heiligen Geist“, wird dem Firmling in der Firmung gesagt. Der Geist, der bewirkt, dass wir glauben können, gibt diesem Glauben auch seine Stärke und seine zündende Kraft.

Nun kommt es darauf an, wie aus der Taufe, so zugleich aus der Firmung zu leben, oder besser: den Taufglauben in der Kraft der Firmung in unser Leben umzusetzen. Wie auf die Firmung gemünzt, spricht die Heilige Schrift von den „Früchten des Geistes“ (Gal 5,22-26) und vom „Erweis des Geistes und der Kraft“ (1 Kor 2,4). Was ist das? Nicht rasch verfliegende Begeisterung, aber nüchternes Ausharren, das in der Hoffnung auf die Auferstehung die Last des Lebens annimmt. Nicht oberflächlicher Optimismus, aber eine tiefe Zuversicht, dass Gott uns immer und überall nahe ist. Nicht leichtsinnige Sorglosigkeit, aber festes Vertrauen, dass Gott meinem Einsatz in der Welt seinen Sinn gibt, auch wo er äußerlich vergeblich ist. Die Firmung drängt daher zum Einsatz für die Mitmenschen, zum Widerstand, zum Mut, sich zwischen die Fronten zu begeben, zur Mitverantwortung in allen Lebensbereichen, wo das Geschick des Menschen auf dem Spiel steht, von der Erziehung und dem Leben im Beruf bis zur Politik. Das alles kann der Gefirmte, wenn er nur seine Firmung ernst nimmt.

Welches Firmalter?

Von hierher ergibt sich auch ein Gesichtspunkt für das richtige Alter, in dem man die Firmung empfangen soll. Wir wissen zwar, dass das Firmalter in der Geschichte der Kirche sehr geschwankt hat, und man kann auch schlecht beweisen, nur in einem bestimmten Alter dürfe man die Firmung empfangen. Wenn aber die Firmung es mit dem Glauben in der Belastungsprobe zu tun hat und ihm in der Bewährung helfen will, dann sollten Christen, die die Firmung empfangen, schon etwas von diesen Belastungsproben und von der Pflicht des Glaubenszeugnisses auch in schwieriger Situation erlebt haben. Sollten also über das Alter hinaus sein, wo man nur naiv im Glauben der anderen mitlebt, ohne sich selbst entscheiden zu müssen – sonst würde die Firmung ja nur eine abgewandelte Form der Kindertaufe sein. Sollte also nicht die Zeit der Schulentlassung, das heißt ein Alter von 14 oder 15 Jahren das Richtige sein? Der junge Mensch merkt von dieser Zeit an deutlich, dass sein Glaube aus den Kinderschuhen herausgewachsen ist und sich nun bewähren muss – ein günstiger Zeitpunkt, um ihm in der Kirche im Namen Gottes zu sagen: „Sei besiegelt mit dem Heiligen Geist!“

13. Kapitel

Müssen wir beichten?

„Ich will mir die Ohrenbeichte von niemandem nehmen lassen und wollte sie nicht um der ganzen Welt Schatz hergeben. Denn ich weiß, wie viel Trost und Stärke sie mir gegeben hat. Es weiß niemand, was sie vermag, außer wer mit dem Teufel oft und viel gefochten hat. Ja, ich wäre längst vom Teufel erwürgt, wenn mich nicht die Beichte erhalten hätte.“ Dieses hohe Lob der Beichte hat ein Mann gesungen, dem man das gar nicht zutrauen sollte: Martin Luther. Er hat offenbar nicht gefragt, ob man beichten *muss*, er war sehr froh, dass er beichten *durfte*.

Öffentliche Umkehr

Auf die Frage: Muss man beichten? ist denn auch klipp und klar zu antworten: Man *muss* grundsätzlich überhaupt nicht beichten. Denn die Kirche hat im Jahre 1551 auf dem Konzil von Trient ausdrücklich erklärt, es sei notwendig, die *schweren Sünden* dem Priester zu beichten. Ausgenommen den Fall also, dass ein Christ in schwere Sünde gefallen ist – und diese Ausnahme ist eben keine Regel! –, *muss* ein Christ sein ganzes Leben nicht beichten. Wenn der Pfarrer vor Beginn der Osterzeit das Gebot der Kirche in Erinnerung ruft, dass alle katholischen Christen verpflichtet sind, in der Osterzeit „die heiligen Sakramente zu empfangen“, so ist damit grundsätzlich und allgemein nur die Osterkommunion gemeint; die Beichte ist darin nur für den Fall eingeschlossen, dass jemand sich einer schweren Sünde bewusst ist.

Eine ganz andere Frage ist, ob man nicht – wie Luther – das *Angebot* hochschätzen sollte, dass man beichten *darf*. Denn für zwei Dinge *müssen* wir in der Tat Sorge tragen: dass unsere Umkehr ernst und dass das Glaubensbekenntnis der Kirche klar bleibt. Die Umkehr ist mit dem Glauben selbst gegeben. Deshalb fasst der Evangelist Markus auch die ganze Predigt Jesu in der doppelten Forderung zusammen: „Kehrt um und glaubt an das Evangelium" (Mk 1,15). Umkehr heißt: sich abkehren von allem, was in unserem Leben dem Glauben an die Nähe Gottes widerspricht – im Denken und im Handeln. Diese Umkehr kann man widerrufen: durch ein schweres Versagen im Glauben und im Leben aus dem Glauben, aber ebenso durch die unabsehbare Kette der kleinen Nachlässigkeiten und Versäumnisse, kurz: durch „schwere" und durch „lässliche" Sünde. Mindestens von der letzteren ist keiner von uns frei. Wir müssen also etwas tun, damit wir nicht offen oder unbemerkt unsere Hinkehr zu Gott im Glauben rückgängig machen.

Daraus ergibt sich das zweite: Der Glaube macht uns zu neuen Menschen. Wenn nun alle Christen nur ein schlechtes oder mittelmäßiges Beispiel des neuen Lebens aus dem Glauben geben, wie sollen dann andere das nicht dem Glauben zur Last legen? Wir müssen also etwas tun, damit unser Versagen nicht auf den Glauben selbst zurückfällt. Wir müssen sorgen, dass man zwischen dem Glauben selbst und unserem Leben unterscheidet.

Nun ist es keine Frage, dass Gott uns auch unser neuerliches Versagen immer wieder vergibt, wenn wir umkehren – wie er uns auch bei der ersten Umkehr vergeben hat, als wir zum Glauben kamen. Insoweit könnte man denken, dass es genügt, wenn wir für uns selbst, „im stillen Kämmerlein", Gott um Vergebung bitten. Aber wird es nicht den Ernst unserer Umkehr wesentlich stärken, wenn wir uns selber dabei ein wenig wehtun? Man kann das Glaubenszeugnis mitten in unserem Versagen nicht anders klar halten als dadurch, dass wir uns von diesem, dass die Kirche sich von uns deutlich absetzt. Das läuft darauf hinaus, dass die Umkehr, der Gott seine Vergebung zugesagt hat, *öffentlich* geschehen muss. So sind wir Menschen nun einmal: Wir schließen vom Äußeren auf das Innere und wir beeinflussen das Innere durch das Äußere. Nur wenn wir die Umkehr nicht mit uns selber abmachen, sondern den Mut haben, uns damit die Finger zu verbrennen, bauen wir eine hilfreiche Sicherung in unser Bemühen ein, dass wir unserer Schwachheit nicht so schnell wieder zum Opfer fallen. Nur wenn wir den Mut haben, uns selber öffentlich zu blamieren, können wir von den anderen verlangen, unser Versagen nicht dem Glauben zur Last zu legen, den wir bezeugen wollen.

Die Ohrenbeichte

Die öffentliche Form, in der wir nach schwerem Versagen wieder umkehren können und dürfen, ist heute die Ohrenbeichte vor dem Priester. An ihrer Stelle stand in den ersten Jahrhunderten der Kirchengeschichte die sogenannte „große Kirchenbuße". Die Kirche distanzierte sich hier, gestützt auf Worte der Heiligen Schrift (Mt 16,18; 18,18; Joh 20,22-23), sehr drastisch von dem Versager: Er musste im Gottesdienst einen eigenen Platz einnehmen, sich entsprechend kleiden, die Eintretenden um Fürsprache bitten, viel beten, fasten, in der Ehe enthaltsam sein, oft auch auf Körperpflege verzichten – und wenn er das alles Wochen, Monate, vielleicht Jahre getan hatte, wurde er in einem öffentlichen Versöhnungsgottesdienst wieder als Vollmitglied in die Gemeinde aufgenommen. Bei diesem Verfahren musste auch dem letzten klar werden, dass die Kirche die Sünde ernst nimmt und die Verkündigung des Glaubens durch sie nicht belastet sehen will.

Die Ohrenbeichte, die sich seit dem frühen Mittelalter in ihrer heutigen Form entwickelte, ist da einfacher: Man bekennt seine Sünden dem Priester – der darüber schweigen muss! –, dieser hat Gelegenheit, mit dem Beichtenden darüber zu sprechen und ihm ins Gewissen zu reden. Am Schluss spricht er ihm im Namen Gottes Vergebung und Versöhnung zu. Wenn nun jemandem die Beschämung des Bekenntnisses auch noch zuviel ist, kann der dem Verdacht entgehen, er wolle im Grunde Buße und Umkehr nur zu billigsten Preisen und begreife noch gar nicht, was er getan hat? Ist er dann nicht nur solch ein typisch „moderner Mensch", der sich seiner Kraft rühmt, „zu seiner Schuld zu stehen", dem die Kraft aber ausgeht, wenn er sich dabei ein wenig wehtun soll? Anderseits ist trotz der Einfachheit der Form der öffentliche Charakter der Umkehr gewahrt. Die Kirchtüren sind ja zur Beichtzeit offen. Jeder kann jeden sehen, der vor dem Beichtstuhl steht. Wenn da der Generaldirektor genauso steht wie der Schuljunge, die Marktfrau genauso wie der Theologieprofessor, ist wohl hinreichend deutlich, dass die Kirche die Sünde nicht durchgehen lässt, weil sie das nicht durchgehen lassen darf, was ihrer Predigt widerspricht.

Die „gemeinsame Buße"

Für die Umkehr von *kleinen* Sünden gab es bislang keine eigene öffentliche Form. So trug man auch sie in die Beichte. Dagegen ist nichts einzuwenden. Nur ist bei dieser sogenannten „Andachtsbeichte", das heißt: einer Beichte, die nach der Lehre der Kirche mangels einer wirklich schweren Sünde nicht zwingend notwendig ist, die Gefahr des Leerlaufs sehr groß: immer dieselben kleinen Verfehlungen, immer dieselbe kleine Privatpredigt des Beichtvaters, und deshalb eigentlich auch nie ein erkennbarer neuer Anfang oder gar ein Fortschritt im Kampf gegen die Sünde, im Ringen um das Leben aus dem Glauben. Vor *diesem* Hintergrund entsteht denn auch die Frage: *Müssen* wir noch beichten?

Nun gibt es seit dem Zweiten Vatikanischen Konzil dagegen eine gute Hilfe in der sogenannten „gemeinsamen Buße", auch „Bußandacht" genannt. Hier geschieht alles wie in der Beichte auch, ausgenommen das *persönliche* Bekenntnis der Sünden, das *persönliche* Gespräch mit dem Beichtvater und die *persönlich* gegebene und empfangene Lossprechung. Weil dies aber nur bei schwerer Sünde Pflicht ist und weil anderseits die allgemeine Gewissenserforschung, die Ermahnung des Priesters und das gemeinsame Bekenntnis genauso tief wirken können wie die Ohrenbeichte, darf man lässliche Schuld dem Gericht und Erbarmen Gottes auch in der Form der gemeinsamen Buße unterbreiten. Die gemeinsame Buße steht noch nicht im gleichen Rang wie die kirchliche Buße in der Form der Ohrenbeichte. Trotzdem ist sie in ihren Grenzen gewiss ein Weg zur Versöhnung mit Gott und mit der Kirche. Vielleicht anerkennt die Kirche sie eines Tages auch als zweite Form des einen kirchlichen Bußsakramentes.

Durch die „Bußandacht“ soll aber die „Andachtsbeichte“ keineswegs abgeschafft werden. Im Gegenteil, sie soll dadurch an Bedeutung wieder gewinnen. Denn das hat die Bußandacht erreicht: Die Andachtsbeichte ist von einer Routine-Angelegenheit wieder zu einem *Angebot* geworden, das man mit mehr Überlegung gebraucht als früher. Einfach dadurch, dass man seltener geht. Dadurch hat der Beichtvater wieder mehr Zeit zu intensivem Gespräch, die Chance, dass die Umkehr ernster genommen, die Besinnung gründlicher wird, ist besser, als sie es durchschnittlich früher war.

Was man beachten sollte

Nun kommt es darauf an, dieses Angebot richtig zu nutzen. Deshalb zum Schluss wieder einige praktische Hinweise. Zunächst gilt es, den Leerlauf unter allen Umständen zu vermeiden. Wer merkt, dass seine häufige Beichte zur Schablone wird – immer dieselben kleinen Sünden, die man selber gar nicht ernst nimmt –, sollte sich selbst das unernste Bekenntnis und dem Beichtvater den Zwang ersparen, einen ebenso nutzlosen Zuspruch zu geben. Er sollte also in größeren Abständen beichten, dann sich aber Zeit nehmen und sich die Gewissenserforschung mehr kosten lassen als ein lässiges Überfliegen des Beichtspiegels im Gebetbuch. Erfahrene Seelsorger sagen heute auf die Frage, wie oft man beichten solle: zwei- oder dreimal im Jahr.

Alle haben das Recht, sich einen Beichtvater zu suchen, zu dem sie Vertrauen haben. Niemand ist verpflichtet, immer bei demselben Beichtvater zu bleiben. Vor allem dann, wenn ein Beichtvater einen Beichtenden anfährt, ausschimpft, ihm unzumutbare Forderungen stellt, soll man nicht wieder zu ihm hingehen, unter Umständen die begonnene Beichte abbrechen. Denn hier hat der Beichtvater – es kommt aber heute nicht mehr so häufig vor wie in früheren Zeiten – seine Aufgabe erheblich verfehlt. Er hat gewiss den Beichtenden ins Gewissen zu reden, er hat sie zu beraten, sie auch zu einem Urteil über ihr Tun zu führen und in diesem Sinne zu „richten“. Aber er hat sich nicht zum Richter über die Beichtenden aufzuschwingen, der in deren persönliches Leben aus dem Glauben nach Gutdünken hineinregiert. Gottlob ist das aber bei der überwiegenden Zahl heutiger Beichtväter gegenstandslos.

Wer beichtet, soll ein gutes Bekenntnis ablegen, das dem Priester auch zeigt, wo er mit einem fruchtbaren Gespräch ansetzen kann. Dazu muss die Gewissensforschung oft über den Beichtspiegel im Gebetbuch hinausgehen. Wer im Glauben lebendig ist, wird noch auf ganz andere Fragen an sein Verhalten kommen, als sie durchschnittlich im Gebetbuch stehen. Er wird vor allem auf die typisch modernen Sünden achten, die den typisch modernen Anforderungen an den Glauben entsprechen. Eins der vielen guten Bücher über moderne Beichtprobleme kann da oft eine gute Hilfe zur Gewissensschärfung sein.

Kein Beichtvater ist allwissend, und er wird es auch nicht, wenn er den Beichtstuhl betritt. Fragen, die in der Kirche unter den Fachleuten umstritten sind, kann der Beichtvater nicht im Handstreich lösen. Jeder Beichtvater, der seine Meinung als die allein gültige hinstellt, ist daher verdächtig. Gut ist ein Beichtvater, der zuhören kann und es darauf anlegt, mit dem oder der Beichtenden ins Gespräch zu kommen. Dabei sollten Beichtende auch ruhig den Mut zum Widerspruch haben, wenn der Beichtvater nicht überzeugt.

Ob man den Beichtstuhl oder ein Sprechzimmer zur Beichte vorzieht, ist eine Sache des persönlichen Empfindens. Manche lieben die diskrete, anonyme Form des Beichtstuhls, auch wenn das unbequem ist, manche ziehen das Gespräch Auge in Auge vor, besonders, wenn schwierige Dinge zu besprechen sind. Die Kirche hat beides freigestellt.

Wer gern etwas intensiver mit dem Seelsorger sprechen möchte, sollte nicht gerade vor Festtagen kommen, wo oft größerer Andrang, der Beichtvater jedenfalls immer in Zeitnot ist.

Und noch ein „Tipp“: Schwerhörige sollten nicht mit allen anderen zusammen beichten, sondern, falls vorhanden, den besonderen Beichtstuhl für Schwerhörige benutzen oder sich privat zur Beichte anmelden. Sie zwingen den Beichtvater sonst zu übermäßig lautem Sprechen, und meist sprechen sie auch selbst lauter als gewöhnlich. Es ist peinlich und außerdem bedrohlich für das Beichtgeheimnis, wenn dann faktisch die Umstehenden Beichte und Beichtgespräch mithören können.

14. Kapitel

Was hat die Kirche mit der Ehe zu tun?

Wir haben in mehreren Kapiteln über sinnbildliche Handlungen im Rahmen von feierlichen Gottesdiensten der Kirche gesprochen, die uns allen seit Kindertagen geläufig sind, und wir haben dabei das Wort überhaupt nicht genannt, das uns als gemeinsamer Name für diese Gottesdienste ebenso geläufig ist: das Wort „Sakrament". Das war kein Versehen, sondern hat seinen guten Grund.

Was ist ein „Sakrament"?

In den ersten Jahrhunderten der Kirche hat es nämlich nur diese Gottesdienste selbst gegeben, aber nicht einen gemeinsamen Namen für sie. Und als man ihn schließlich gefunden hatte, da hat es wiederum noch Jahrhunderte gedauert, bis ganz klar war, was denn allgemein ein „Sakrament" ist. Aber auch heute noch wissen das nur die „Fachleute", die Theologen auf Anhieb zu sagen. Wir aber, geraten wir nicht etwas ins Stottern, wenn wir Knall auf Fall gefragt werden: Was ist ein Sakrament?

So haben wir uns lieber um die einzelnen Sakramente selbst gekümmert und nicht um das Wort „Sakrament". Allerdings: Wer aufmerksam gelesen hat, konnte einige typische Gemeinsamkeiten zwischen diesen Gottesdiensten erkennen, die sich in einem gemeinsamen Wort zusammenfassen lassen. Alle sind sie Gottesdienste der Kirche – und keine private Frömmigkeitsübung einer Gruppe; daher haben sie auch seit den Anfängen überall auf der Welt die gleiche Grundform. Diese Gottesdienste gehen auf die Heilstat Gottes in Jesus Christus zurück, teilweise berichtet die Heilige Schrift über ihre Stiftung durch Jesus persönlich. Und sie sagen in Wort und sinnbildlicher Handlung die entscheidende Botschaft des Glaubens dem einzelnen Menschen in der Kirche gewissermaßen auf den Kopf zu – und dieser antwortet ganz persönlich mit seinem Glaubensbekenntnis, indem er das Sakrament „empfängt". Solche Grundgottesdienste der Kirche nennen wir „Sakramente". Die katholische Kirche hält daran fest, dass es sieben solcher Sakramente gibt, während die evangelische Kirche nur zwei anerkennt: Taufe und Abendmahl. Sie kennt aber Gottesdienste, die den anderen Sakramenten der katholischen Kirche entsprechen, schätzt sie sogar sehr hoch, aber sie nennt sie nicht Sakramente.

Über die Gründe dafür müsste man ein eigenes Buch schreiben, und wir täten den evangelischen Christen unrecht, wenn wir uns anmaßten, das in zwei Sätzen erklären zu wollen. Aber auch das, was wir in der katholischen Kirche unter „Sakrament" verstehen, hat trotz der gemeinsamen Züge Raum für viele Unterschiede. Das zeigt sich besonders, wenn wir über die alte katholische Lehre nachdenken, dass auch die Ehe eines von den sieben Sakramenten ist. Das Wort „Sakrament" allein hilft uns also nicht viel weiter, wir müssen nach der Sache fragen. Am besten gehen wir von der Frage aus: Was hat die Kirche mit der Ehe zu tun?

Gottes Wort über die Ehe

Eines ist sicher: Wie die Kirche überhaupt das Wort Gottes zu verkünden hat, so hat sie auch Gottes Wort über die Verbindung von Mann und Frau den Menschen zu sagen: Gott hat den Menschen als Mann und Frau erschaffen, ihre Verbindung gesegnet und fruchtbar gemacht. Nach Gottes Willen sollen Mann und Frau, die die Ehe geschlossen haben, untrennbar zusammengehören. Jesus Christus hat diesen Willen Gottes, entgegen vielen Lockerungen, die sich im Laufe der Zeit eingeschlichen hatten, neu eingeschärft. Vor allem aber hat er die Ehe auf eine ganz neue Grundlage gestellt: auf den Glauben an die Nähe Gottes, die er verkündet und gebracht hat. Christliche Eheleute halten nicht nur zusammen, weil es „vernünftig" ist, weil man gefühlsmäßig aneinander gebunden oder weil es wegen der Kinder notwendig ist; sie halten zusammen, weil sie auf Gottes unverbrüchliche Liebe als Grund ihrer eigenen Liebe bauen und diese Liebe Gottes in ihrer Ehe nachbilden. All das kann sich der Mensch mit seiner Vernunft nicht selber sagen. Es muss ihm gesagt *werden*. Insofern hat die Kirche, die Gottes Wort zu verkünden hat, auf jeden Fall mit der Ehe zu tun.

Kirchliche Hochzeitsfeier

Wenn die Ehe ein Zeugnis des Glaubens der Kirche an die Liebe Gottes ist und sein soll, dann muss die Kirche folgerichtig daran „interessiert" sein, dass klar ist, wer verheiratet ist und wer nicht – sonst würde dieses Glaubenszeugnis verdunkelt. Es muss also eine Eheordnung in der Kirche geben. Und bei der Bedeutung, die die Ehe für die Menschen in der Kirche hat, ist es ganz einleuchtend, dass es für den Beginn der Ehe eine ähnliche herausgehobene gottesdienstliche Feier gibt, wie es die Taufe für den Anfang, die Firmung für die Reife des Lebens ist.

So kennt man seit der frühesten Zeit der Kirche die kirchliche Hochzeitsfeier, bei der die Kirche den Ehebund zweier Christen begründet und segnet, damit er, wie schon der heilige Bischof Ignatius von Antiochien Anfang des 2. Jahrhunderts es ausdrückt, „im Herrn" geschlossen sei. Die äußere Form der kirchlichen Hochzeitsfeier ist dabei im Laufe der Geschichte sehr verschieden gewesen. Die heutige Form, bei der die Brautleute vor einem Priester – in der Regel dem Pfarrer der Braut – und zwei Zeugen ihren Ehewillen erklären, darin vom Priester bestätigt werden und dadurch vor der Kirche als Eheleute gelten, hat sich in ihren Grundzügen vor etwa 900 Jahren entwickelt. Dafür gab es damals gute Gründe. Zum Beispiel den, dass Staat und Gesellschaft die Freiheit der Eheschließung nicht garantieren konnten. Man wählte nicht den Ehepartner, er wurde von der Familie bestimmt. Auch waren Frauenentführungen zum Zwecke der Eheschließung häufig. Deshalb führte die Kirche jene Fragen nach dem freien Entschluss zur Ehe in die kirchliche Trauung ein, die wir noch heute kennen. Auch heute gibt es für die kirchliche Eheschließungsform viele gute Gründe. Zwar kann der Staat heute die Freiheit der Eheschließung garantieren. Aber wenn die Kirche dem Worte Gottes treu bleiben will, kann sie unmöglich alles anerkennen, was der Staat heute in Sachen Ehe tut und auch tun muss, weil er sich ja gegenüber den verschiedenen Glaubensbekenntnissen und Weltanschauungen seiner Bürger neutral zu verhalten hat.

Trotzdem könnte die kirchliche Eheschließungsform auch anders sein. Das sieht man schon daran, dass die Kirche immer die sogenannte Nottrauung ohne Priester gekannt hat, wenn ein solcher nicht erreichbar war. Und seit einigen Jahren ist die Kirche auch einverstanden, wenn katholische Christen aus gerechten Gründen, die sie mit dem Pfarrer besprechen müssen, sich vor einem evangelischen Pfarrer oder nur vor dem Standesbeamten trauen lassen. Daran erkennen wir etwas sehr Wichtiges: Nicht die kirchliche Trauung allein ist das Ehesakrament, sondern das von der Gnade Gottes getragene Leben in der Ehe. Wenn nämlich die *kirchliche Hochzeitsfeier* das Sakrament der Ehe wäre, dann könnte es davon keine Ausnahmen geben. Man kann ja auch nicht ohne Wasser taufen und nicht ohne Brot und Wein Eucharistie feiern. Es gibt aber Fälle, wo eine auch von der Kirche anerkannte Ehe ohne einen Priester geschlossen wird. Es kommt also auf das Leben in der Ehe an. *Dieses* steht an der Stelle, wo bei der Taufe die Übergießung mit dem Wasser und in der Messe der Empfang der heiligen Kommunion steht. Das Leben in der Ehe selbst ist der „Gottesdienst" und zugleich die „sinnbildliche Handlung", die das Glaubenszeugnis der Kirche verkünden soll. Und wir wissen: Kaum ein Glaubenszeugnis ist so kraftvoll wie eine wirklich gelungene Ehe – was keineswegs dasselbe ist wie eine spannungs- und konfliktlose Ehe oder gar eine „Ehe", wie sie uns kitschige Illustriertengeschichten und Filme vorgaukeln. Eine Ehe (und Familie), die im Glauben zusammenhält und in der Liebe auch ihre Krisen meistert, ist das beste Gleichnis für die unverbrüchliche Liebe Gottes zu den Menschen –

und genau das ist gemeint, wenn wir die Ehe ein „Sakrament“ nennen.

Ehescheidung?

Deshalb ist eine christliche Ehe, wenn sie wirklich eine ist, auch unauflöslich. Und zwar von innen her, aus dem Wesen der Sache heraus. Äußere Gesetze der Kirche haben hier lediglich eine unterstützende Bedeutung. Wenn zwei Getaufte im vollen Wissen, was sie tun, und in voller Freiheit eine Ehe schließen, *kann* die Kirche sie nicht wieder auflösen, selbst wenn sie wollte. Sie kann es genauso wenig, wie sie eine Taufe ungeschehen machen kann. Wenn sie die Ehescheidung erlaubte, so hieße das, dass sie nicht mehr daran glaubte, dass Gottes Liebe die Liebe zwischen zwei Menschen unverbrüchlich machen kann.

Es kann sich aber bei einem Eheabschluss viel Täuschung und Selbsttäuschung einschleichen. Brautleute können den Priester oder die kirchlichen Behörden darüber täuschen, dass sie gar nicht den festen Willen haben, eine unauflösliche christliche Ehe zu schließen, sie können allerlei Vorbehalte machen, sie aber dem Priester nicht sagen und anderes mehr. Stellt sich das später heraus und kann es bewiesen werden, so wird eine solche Ehe nicht „geschieden“ (obwohl es so aussehen könnte), sondern „für nichtig erklärt“ – weil es ja in keinem Augenblick eine Ehe war, wie Christen sie verstehen. „Nichtigkeitserklärung“ bedeutet: Die Kirche erklärt, dass sie sich getäuscht hat, als sie die beiden früher als verheiratet erklärte. Natürlich können solche ehemaligen „Eheleute“, dann wieder heiraten, auch kirchlich, sofern sie es dann ehrlich meinen.

Es kann aber auch sein, dass Eheleute mit allem guten Willen und in klarer Erkenntnis ihrer Pflichten heiraten – und hinterher, oft nach Jahren, stellt sich heraus, dass es ein Fehler war; dass man nicht die Kirche, wohl aber sich selber getäuscht hat, als man meinte, in einer Ehe zusammengehören zu können. Heute weiß man auch, dass solche Selbsttäuschungen oft aus verborgenen seelischen Fehlentwicklungen entstehen, die erst an die Oberfläche kommen, wenn man längst verheiratet ist. Und nun steht man vor der Ruine einer Ehegemeinschaft, auf die man sein ganzes Leben gebaut hat. Was dann tun?

Geschiedene in der Kirche

Bislang ist die Kirche hart. Wenn die Nichtigkeit der Ehe nicht rechtskräftig bewiesen werden kann, betrachtet sie auch gescheiterte Eheversuche als gültige Ehen. Sie tut das, um die Unauflöslichkeit der Ehe nicht ins Zwielicht zu bringen. Wenn solche Eheleute sich dann doch staatlich scheiden lassen und neu heiraten, schließt sie sie von den Sakramenten aus – selbst wenn die neuen Ehen menschlich gelingen und auch die religiöse Erziehung der Kinder ohne Tadel ist. Die Kirche schließt solche Christen allerdings nicht aus der Kirche aus, wie manchmal fälschlich gesagt wird.

Es wird heute gefragt, ob diese Haltung nicht zu unbarmherzig ist. Wenn man an Gottes Erbarmen mit den Menschen, wenn man an Jesu Verhalten gegenüber umkehrwilligen Sündern denkt, dann kann man sich schlecht vorstellen, dass Gott mit Christen, die in einem ersten Eheversuch gescheitert sind, ihre Selbsttäuschung und Schuld eingestehen und eine neue Ehe geschlossen haben, weil sie einfach nicht zum Alleinleben geboren sind, so hart umgehen wird, wie es gegenwärtig die Kirche tut. Es bleibt zu hoffen, dass die Kirche deshalb zu einer milderen Praxis zurückkehrt, die in den ersten Jahrhunderten der Kirche schon einmal geübt wurde, und Geschiedene zwar nicht wieder kirchlich traut, aber auch dann zu den Sakramenten zulässt, wenn sie standesamtlich eine neue Ehe begonnen haben. Natürlich muss sie dann auf andere Weise klarstellen, dass die Ehe für einen Christen nie und nimmer ein Vertrag ist, den man jederzeit nach Belieben wieder kündigen kann.

15. Kapitel

Was nützt die Krankensalbung?

Der Jakobusbrief ist jene Schrift des Neuen Testamentes, die am meisten und herzhaft hausbacken vom christlichen Leben im Alltag spricht. Man sollte ihn einmal in einem Zug lesen und darauf achten, wieviel von dem, was der Verfasser sagt, tagtäglich bei uns vorkommt. So ist es auch kein Wunder, dass wir hier die einzige Aussage des Neuen Testamentes darüber finden, was denn Christen aus ihrem Glauben heraus tun sollen, wenn sie krank sind. Jakobus schreibt: „Ist jemand unter euch krank? So rufe er die Ältesten der Gemeinde zu sich; sie sollen über ihm beten, ihn mit Öl salben und dabei den Namen (das heißt: die Macht) des Herrn (Jesus) anrufen. Das gläubige Gebet wird den Kranken heilen; der Herr wird ihn wieder aufrichten. Und wenn er gesündigt hat, soll ihm Vergebung zuteil werden" (Jak 5,14-15).

Ernstfall der Taufe

Auf diesem Text beruht das Sakrament, das wir heute „Krankensalbung" nennen. Dabei kommt der Priester zu dem Kranken, salbt ihn mit geweihtem Öl an der Stirn und an den Händen und betet dabei: „Durch diese heilige Salbung helfe dir der Herr in seinem reichen Erbarmen. Er stehe dir bei mit der Kraft des Heiligen Geistes: Der Herr, der dich von Sünden befreit, rette dich, in seiner Gnade richte er dich auf."

Dieses Gebet und schon der Text aus dem Jakobusbrief zeigen, dass die Krankensalbung keineswegs nur für die Sterbenden da ist, sondern für jeden schwer Kranken. Weil wir früher gewöhnlich nicht „Krankensalbung", sondern „Letzte Ölung" sagten, haben wir das lange vergessen. Papst Paul VI. hat es erst im Januar 1973 neu eingeschärft, und man erkennt es auch schon daran, dass man in der sinnbildlichen Handlung ein Öl verwendet, das in der alten Zeit als Medizin benutzt wurde, also der *Heilung* der Krankheit diente. Trotzdem wird die Krankensalbung nicht bei jeder kleinen Erkältung, sondern bei lebensgefährlichen Erkrankungen oder Verletzungen (Autounfall!) gespendet. Und man darf und soll sie wiederholen, wenn eine neue Krankheit eintritt oder eine Dauerkrankheit sich verschlimmert.

Damit zeigt sich, was die Krankensalbung bedeutet. Wie die Firmung gehört sie mit der Taufe zusammen. Wie die Firmung, so spitzt die Krankensalbung das Wort, das Gott in der Taufe über das ganze Leben sagt, in besonderer Weise zu. Ein Mensch *will* leben – und erfährt, dass er sterben *muss*. Der Taufglaube kommt nun in seinen Ernstfall. Die Krankensalbung macht gleichsam deutlich: Jetzt wird es ernst mit der Taufe. Willst du auch jetzt, wo du dem Tod ins Auge blickst und nicht mehr ausweichen, nichts mehr auf später vertagen kannst, mit Christus auf den Tod zugehen und auf die Auferstehung hoffen, wie du in der Taufe versprochen hast?

In dieser Stunde steht die Kirche – vertreten durch die Familie, vielleicht durch gute Freunde und Bekannte und durch den Priester – am Krankenbett und im Namen Jesu sagt sie dem Kranken in Wort und sinnbildlicher Handlung: Du darfst dich auf Gott verlassen. Er hat Jesus von den Toten erweckt und so wird er auch dich nicht im Tode untergehen lassen. Der Kranke hört dieses Wort, und indem er die Salbung empfängt und mitbetet, bekennt er seinen Glauben und nimmt sein weiteres Lebensschicksal an, wie Gott es fügt. Wird er gesund, so dankt er es Gott. Geht er in den Tod, so darf er wissen, dass seine Schuld ihm noch einmal und genauso vergeben ist, wie Gott sie ihm immer wieder im Leben vergeben hat. Auch hier entdecken wir, dass alle Dinge beisammen sind, die zu einem „Sakrament" gehören.

Angst vor der Krankensalbung?

Wenn man sich das alles überlegt, wundert man sich, warum viele Christen solche Angst vor der Krankensalbung haben. Manchmal scheinen sie zu denken: Wenn wir erst den Priester holen, dann ist jede Hoffnung zu Ende. Das wäre dann das genaue Gegenteil von dem, was die Krankensalbung will.

Natürlich kann man verstehen, wenn Angehörige einen Schwerkranken mit der Krankensalbung nicht erschrecken wollen, weil sie meinen, dann verliere er allen Lebensmut. Aber das kann ja nur geschehen, wenn man vorher eine ganz falsche Vorstellung von der Krankensalbung hatte. Das Beste ist also, wenn der Kranke selbst rechtzeitig seinen Angehörigen alle Angst nimmt, indem er selbst um die Krankensalbung bittet. Dies ist das Normale, nicht die Krankensalbung im letzten Augenblick. Meist geschieht sie ja auch im Zusammenhang mit der Beichte und der Kommunion, und auch dazu muss man ja bei Bewusstsein sein.

Es ist gut, wenn wir einen Kranken bei der Krankensalbung nicht allein lassen, sondern als Angehörige oder Freunde dabei sind, mitbeten und das Glaubenszeugnis des Kranken annehmen. So wird allen gerade im „Ernstfall“ der Taufe die gemeinsame Hoffnung aller Christen auf die Auferstehung mit Christus lebendig.

Wenn es doch geschieht, dass ein Christ unter besonderen Umständen stirbt, ohne die Krankensalbung empfangen zu haben, so brauchen wir deshalb nicht um ihn zu bangen. Entscheidend ist der gelebte Glauben an die Auferstehung mit Christus.

16. Kapitel

Brauchen wir noch Priester?

Es gab einmal Zeiten, da war „Priester“ ein Traumberuf für intelligente gläubige Christen, die ihren Mitchristen Gutes tun wollten. Sie hatten viel Arbeit, aber sie konnten sie bewältigen. Die Kirchen waren voll. Ihr Wort und ihr Rat galten viel. Viel Liebe, auf jeden Fall aber viel Respekt schlug ihnen entgegen. Ihre größte Freude war es, wenn sie Kinder tauften und dann mit ansehen konnten, wie sie durch ihr Wort und ihre Hilfe im Glauben heranwuchsen, die anderen Sakramente empfingen, groß wurden, heirateten und selber wieder ihre Kinder zur Taufe brachten. Die Priester waren der Halt ihrer Gemeinden und die Gemeinden waren der Halt für ihre Priester.

Priester heute

Heute ist das anders. Die Kirchen sind nicht mehr so voll. Wort und Rat der Priester gelten so viel, wie ihre Gründe überzeugen. Statt Liebe und Respekt schlägt ihnen oft Gelächter und Verachtung entgegen. Nur selten können sie noch das Wachsen eines Menschen im Glauben beobachten, im Gegenteil, es löst sich oft vom Einfluss des Priesters. Weil die Gemeinden aufgrund veränderter Lebensgewohnheiten komplizierter geworden sind, haben die Priester heute viel mehr als früher zu tun und können es immer weniger bewältigen, weil man schließlich nicht überall Fachmann sein kann. Priester sein ist kein Traumberuf mehr. Den Nöten des heutigen Menschen helfen andere oft viel besser und wirksamer.

So sind viele Priester heute unsicher, sie sprechen es offen aus, und sie versuchen Änderungen zu erreichen, die den Erfordernissen der Kirche von heute Rechnung tragen. Inzwischen wird die Zahl der Priester immer kleiner. Nun brauchen wir christlichen „Normalverbraucher" uns nicht den Kopf über alle Probleme des Priesteramtes (und des Bischofamtes und des Diakonates) zu zerbrechen. Das tun die Priester schon besser selber.

Aber wir können und müssen ihre gerechten Anliegen unterstützen, und dazu müssen wir verstehen, wozu wir denn Priester brauchen.

Verkünder der Frohbotschaft

Der Priester ist nicht ein „Christ höherer Ordnung". Er muss genauso glauben, hoffen und lieben wie wir alle. Er fällt genauso in Sünde und muss Buße tun, wie wir alle. Die Sakramente, die er spendet, hat er selbst genauso nötig wie wir. Das Wort Gottes, das er uns verkündet und erklärt, muss er erst gründlich selber hören und beherzigen. Und seine Priesterweihe schafft ihm keine Vorzugsstellung, wenn der Herr zum Gericht kommt. Nein, wir sollten ihn wirklich nicht gleichsam auf einen Altar stellen und Blumen um ihn ausbreiten, wie man das auf alten Primizbildchen zuweilen sieht. Das Einzige, was den Priester von uns allen unterscheidet, ist ein bestimmter Auftrag, den er gegenüber der Gemeinde hat.

Was ist das für ein Auftrag? Das Zweite Vatikanische Konzil hat ihn folgendermaßen umschrieben: „Das Volk Gottes wird an erster Stelle geeint durch das Wort des lebendigen Gottes, das man mit Recht vom Priester verlangt. Da niemand ohne Glaube gerettet werden kann, ist es erste Aufgabe der Priester als Mitarbeiter der Bischöfe, allen die Frohbotschaft Gottes zu verkündigen, um so in der Erfüllung des Herrenauftrages ... das Gottesvolk zu begründen und zu mehren. (Dekret über Dienst und Leben der Priester, Artikel 4). In der Wortverkündigung, so fährt das Konzil fort, ist die Verwaltung der Sakramente eingeschlossen, weil diese das Wort Gottes gleichsam leiblich sichtbar machen und überdies immer mit der Wortverkündigung verbunden sind. Auftrag des Priesters ist es also, die Gemeinde zu einen durch die Predigt des Evangeliums und die Spendung der Sakramente. Die Priester tun das als „Mitarbeiter des Bischofs", das heißt: Eigentlicher Leiter der Gemeinde ist der Bischof. Da er aber nicht überall zugleich sein kann, arbeiten die Priester selbständig in den Gemeinden am Ort. Dass aber der Bischof nach wie vor ihr Vorgesetzter im Namen Christi und nicht etwa nur ihr „Verwaltungschef" ist, sieht man daran, dass der Bischof frei beruft, wen er zum Priester bestellt, und auch das letzte Wort hat, wer in einer Pfarrei Pfarrer und Kaplan wird.

Wandlungen des Priesteramtes

Solche Priester also „brauchen wir". Christlicher Glaube, Gemeinschaft des Glaubens in der Kirche sind gar nicht möglich, wenn niemand von Gott, von Jesus Christus, von unserem Heil uns verkündet, wenn niemand für den Gottesdienst sorgt. Auch kann man das nicht dem Zufall überlassen. Deswegen sind bestimmte Christen nicht Priester aufgrund eigenen Rechtes, sondern sie werden bestellt, beauftragt, ernannt, gesendet. Das war schon in den Zeiten des Neuen Testaments so. Man braucht nur einmal die Paulusbriefe zu lesen, um zu sehen, wie der Apostel seine Mitarbeiter beauftragt und in die Gemeinden geschickt hat. Auch wenn heute die einzelnen Ämter in der Kirche sich gewandelt haben, sie sind doch aus dieser Grundform entstanden, die im Neuen Testament bezeugt ist: Die ersten Träger der Vollmacht in der Kirche – die zwölf Jünger Jesu, die Zeugen der Auferstehung – haben andere zu Mitarbeitern berufen und ausgesandt, und diese haben es wiederum so gemacht bis auf den heutigen Tag.

Das alles ist so einleuchtend und eigentlich selbstverständlich, dass man sich fragt: Warum denn dann die Krise des Priesterberufes? Nun, in dem Aufgabendreieck des Priesters, nämlich: Gemeindeleitung, Verkündigung und Sakramentenspendung, haben sich zwei Aufgabenbereiche gewandelt. Die Gemeinden sind heute anders, die Gemeindemitglieder leben anders als früher, und dadurch ändert sich auch die Art und Weise, wie man ihnen das Wort verkünden muss. Schon heute werden dem Priester durch Pastoralassistenten, Seelsorgehelfer und Seelsorgehelferinnen, Katechisten, Pfarrgemeinderäte und andere Gemeindemitglieder viele Aufgaben abgenommen, die er früher selber erfüllen musste. Das wird in Zukunft noch weitergehen. Denn die Kirche muss dafür sorgen, dass allen Christen die Frohbotschaft gerade so nahegebracht wird, wie *sie* es brauchen. Vielleicht wird man in der Zukunft auch manchen von den Gemeindemitgliedern, die hauptberuflich oder nebenberuflich frühere Priesteraufgaben erfüllen, die Priesterweihe erteilen, damit sie den Leiter der Gemeinde für ihren Arbeitsbereich gegebenenfalls auch in der Sakramentenspendung entlasten können. Wir sollten uns vor solch einer Entwicklung gar nicht fürchten. Denn die Kirche braucht genauso viele Priester, wie nötig sind, um Wort und Sakrament zu den Menschen zu bringen.

Die Priesterweihe

Nun haben wir gerade schon das Wort „Priesterweihe“ genannt. Sie ist ein feierlicher Gottesdienst, in dem der Bischof einem Christen die Hände auflegt und ihn dadurch öffentlich mit den Aufgaben eines Priesters betraut. Die Handauflegung ist uns schon im Neuen Testament bezeugt (vgl. Apg 13,3; 1 Tim 4,14; 2 Tim 1,6). Auf ihre Art, nämlich in Ausrichtung auf den Dienst in der Gemeinde, hat die Priesterweihe wieder alle Eigentümlichkeiten eines Sakramentes, und so zählt die katholische Kirche sie als eines ihrer sieben Sakramente.

Dabei ist noch etwas zu beachten: Die Kirche ist tief davon durchdrungen, dass es eigentlich nur *einen* Leiter und „Bischof“ in der Kirche gibt: Jesus Christus selbst. Deshalb wird er auch das „Haupt“ der Kirche genannt (z. B. Eph 1,22; 5,23; Kol 1,16). Wenn der irdische Bischof also einen Gemeindeleiter, einen Priester bestellt und weiht, tut er das, weil er überzeugt ist, dass Christus selbst diesen Christen dazu berufen hat. Deshalb traut sich die Kirche auch nicht zu, einem Christen, den Christus selbst berufen hat, aus seinem Amt wieder zu entlassen. Wer also einmal zum Priester geweiht ist, bleibt für sein ganzes Leben Priester – auch wenn er von seinen Aufgaben in einer bestimmten Gemeinde entbunden oder sogar abgesetzt werden kann.

Wie bei anderen Sakramenten, so erkennt die evangelische Kirche die Priesterweihe – sie nennt sie „Ordination“ – nicht als Sakrament an. Aber auch in der evangelischen Kirche wird die Ordination auf Lebenszeit erteilt – was die meisten Katholiken nicht wissen oder vergessen – und die gottesdienstliche Form, in der das geschieht, ist bis in fast alle Einzelheiten einer katholischen Priesterweihe ähnlich.

Priester und Gemeinde

Wenn der Priester „nur" Beauftragter und Gesandter ist und kein Christ höherer Ordnung, gibt es dann keinen Grund mehr für echte Ehrfurcht vor dem Priester, wie sie früher selbstverständlich war? Doch, es gibt Grund dafür – aber die Ehrfurcht sollte dem *Auftrag* gelten. Und sie sollte dem *Mut* eines Menschen gelten, der einen solchen Auftrag übernimmt. Wenn ein einfacher Christ ohne Amt in Glaubensnot gerät, hat das über seinen engsten Kreis hinaus keine Folgen. Er kann gleichsam auf sich warten und in Geduld und Klugheit weiterzukommen versuchen. Was aber ist, wenn ein *Priester* in Glaubensnot gerät? Wenn er den Glauben verkünden, ihn kraftvoll vorleben soll und selbst mehr Schatten des Zweifels als Licht sieht? Und welcher Priester darf bei seiner Weihe gewiss sein, dass ihm das nicht passiert? Ein Priester riskiert viele Zerreißproben in seinem Leben, es gibt besonders heute vielerlei „Krisen" seines Amtes. Keine Zerreißprobe, keine Krise – auch nicht die Zerreißprobe der Ehelosigkeit, die in der römisch-katholischen Kirche immer noch zwingend mit der Ausübung des Priesteramtes verbunden ist – ist so schlimm wie der Riss zwischen der Pflicht der Verkündigung und dem Erlebnis persönlicher Glaubensnot. Menschen, die das Risiko einer solchen Zerreißprobe – um unseretwillen! – auf sich nehmen, geben uns allen Grund zur Ehrfurcht.

Kein Prophet des Alten Bundes hat so unter der Last seines göttlichen Auftrages gelitten wie Jeremia. Einmal brechen die heftigsten Vorwürfe an Gott aus ihm heraus: „Du hast mich verlockt, Herr, und ich ließ mich verlocken, du hast mich gepackt und überwältigt. Ich bin zum Gelächter geworden tagsaus tagein, jedermann spottet mich aus. Denn sooft ich reden will, muss ich aufschreien und rufen: „Gewalt und Untergang!"... Sooft ich mir vornahm: Ich will nicht mehr daran denken und nicht mehr in seinem Namen reden, da brannte es in meinem Inneren wie ein verzehrendes Feuer, das eingeschlossen in meinem Gebein. Ich wurde müde, es auszuhalten, ich konnte es nicht ertragen..." (Jer 20,7-9).

Etwas von diesen Worten erlebt heute jeder Priester, jeder Bischof, jeder Diakon, jeder, der ein Amt in der Kirche hat – wenn er seinen Auftrag ernst nimmt.

17. Kapitel

Darf die Kirche Dogmen erlassen?

Wenn man heutige Christen, gleichviel, ob katholisch oder evangelisch, danach fragt, worin der bedeutendste Unterschied zwischen der katholischen und der evangelischen Kirche besteht, so werden sie wahrscheinlich antworten: Die katholische Kirche hat „Dogmen“ und glaubt, dass sie vom kirchlichen Lehramt unter dem Beistand des Heiligen Geistes ohne Irrtum erlassen worden sind, die evangelische Kirche lehnt Lehramt und Dogmen ab. Äußerlich ist das sicher richtig, denn dieser Unterschied fällt am meisten auf, wenn man beide Kirchen vergleicht, und er wirkt sich am meisten auf das praktische Leben der Kirchen aus. Man kann diesen Unterschied aber auch ganz falsch verstehen, zum Beispiel, wenn man meint: Die Katholiken müssen alle auf Kommando von Rom glauben, die evangelischen Christen dagegen können glauben, wie sie es für richtig halten. So einfach ist es wirklich nicht. Wir müssen erst einmal fragen: Was ist denn ein „Dogma“ und wie kommt es zustande?

Dogmen können nötig sein

Ein Dogma ist eine Glaubensaussage, die die Kirche für so wesentlich hält, dass man nicht Christ sein kann, wenn man sie leugnet, und die sie deshalb in feierlicher Form verkündet. Heute und seit langer Zeit geschieht das durch die ökumenischen Konzilien, das heißt: durch die Versammlung aller katholischen Bischöfer der ganzen Welt (die sich vorher mit ihren Theologen und Angehörigen ihrer Diözesen beraten haben) oder in Ausnahmefällen durch den Papst allein, insofern er Nachfolger des Apostels Petrus und oberster Bischof der ganzen Kirche und damit auch Vorsteher eines Konzils ist. Aber die ersten Formen eines „Dogmas" – „Dogma" ist ein griechisches Wort und bedeutet „Lehre" – finden wir schon im Neuen Testament. Paulus schreibt an die Römer: „Denn wenn du mit deinem Munde bekennst: ‚Jesus ist der Herr', und in deinem Herzen glaubst: ‚Gott hat ihn von den Toten auferweckt', so wirst du gerettet werden" (Röm 10,9). Und im ersten Johannesbrief lesen wir: „Daran könnt ihr den Geist Gottes erkennen: Jeder Geist, der bekennt: ‚Jesus Christus, in das Menschendasein gekommen', ist von Gott. Und jeder Geist, der Jesus nicht so bekennt, ist nicht von Gott" (1 Joh 4,2-3). Beide Briefschreiber halten also bestimmte Sätze für wesentlich, wenn man „gerettet" werden, „von Gott" sein, Christ sein will: „Jesus ist der Herr", „Gott hat Jesus von den Toten auferweckt", „Jesus Christus ist ins Menschendasein gekommen" – das sind „Dogmen" aus dem Neuen Testament.

Solche Dogmen sind zuweilen nötig. Denn wenn Menschen den Glauben annehmen, fangen sie auch an, über die Glaubensbotschaft nachzudenken, je nach Begabung die einen mehr, die anderen weniger. Das ist ganz selbstverständlich und es wäre schlimm, wenn es anders wäre. Nun kann aber niemand verhindern, dass bei diesem Nachdenken auch einmal Dinge herauskommen, die Verwirrung stiften oder gar in die Irre führen. Vor allem dann, wenn man versucht, die Botschaft des Glaubens mit dem Geist der Zeit, mit verbreiteten Auffassungen in Einklang zu bringen, kann man leicht des Guten zuviel tun. In der

Regel kommen die Dinge von selbst wieder ins Lot, denn wo zum Beispiel ein Theologe zu weit geht, findet sich bestimmt ein anderer, der mit überzeugenden Gründen den Irrtum nachweist und kritischen Einspruch erhebt. Und weil man damit rechnen muss, sorgen in der Regel alle Theologen und heute gottlob auch Theologinnen, die einen Vorstoß wagen wollen, schon ganz von selbst dafür, dass sie gute Gründe haben und nicht leichtsinnig haltlose neue Lehren in die Welt setzen. Kurzum: Es muss schon allerhand geschehen, bis wirklich die Grenzen des christlichen Glaubens überschritten werden. Auch wenn wir sehen, lesen oder hören, dass Theologen über bestimmte Fragen heftig streiten, brauchen wir noch lange nicht zu befürchten, die eine von beiden Parteien stünde nicht mehr auf dem Boden des Glaubens.

Dogmen haben Grenzen

Es kann aber doch einmal geschehen, dass Grenzen überschritten werden. Oder dass die Verwirrung so groß wird, dass die Leiter der Kirche, Papst und Bischöfe, etwas unternehmen müssen, damit die Gläubigen nicht am Ende in ihrem Glauben unsicher werden. Das ist dann oft – aber auch dann nicht immer – der Augenblick, wo ein Dogma verkündet wird. Schon die „Dogmen“ im Neuen Testament, von denen wir einige erwähnt haben, sind auf diese Weise und aus diesen Gründen entstanden. Die Apostel sagten ihren Gläubigen gleichsam: Passt auf! Wenn einer so redet, verkündet er nicht den Glauben, den ihr gelernt habt. Der Glaube, den ihr gelernt habt, sagt so und so … Daran erkennen wir gleich drei wichtige Dinge:

1. Ein Dogma ist eine *Grenzziehung*. Es sagt: Bis hierhin und nicht weiter – wenn du Christ sein *willst*, denn zum Glauben *zwingen* kann dich ja keiner. Kein Dogma ersetzt also das weitere Nachdenken oder verbietet es gar. Denn Christen müssen ja nicht nur sagen, was *nicht* Glaube ist, sondern vor allem, *was* der Glaube ist und was er für den Menschen bedeutet.
2. Ein Dogma ist in seinen Worten immer *zeitgebunden*. Denn es spricht in Worten, die man auch in dem Meinungsstreit benutzt. Das kann so weit gehen, dass man diese Worte zu einer späteren Zeit kaum noch versteht und dann mühsam erklären muss. Wenn zum Beispiel das Konzil von Chalkedon – einer Stadt auf dem Gebiet der heutigen Türkei – im Jahre 451 das Dogma verkündete, in Jesus Christus seien „zwei Naturen“, die göttliche und die menschliche Natur, unvermischt, aber auch ungetrennt vereint, so verstand das damals jeder, vor allem die Kampfhähne der vorausgehenden jahrzehntelangen Streitigkeiten. Wir verstehen es heute kaum noch, zumindest würden wir es ganz anders ausdrücken. Was das Dogma aber *meint*, können wir sehr gut verstehen, wir haben es im 2. Kapitel erklärt: dass Jesus geheimnisvollerweise ganz und gar Mensch ist und zugleich der Sohn Gottes, ohne dass eins das andere beeinträchtigt. Das ist übrigens auch der Grund, warum manche Dogmen im Laufe der Kirchengeschichte mehrmals verkündet wurden, und zwar immer mit neuen, anderen Worten, weil jeweils eine andere Lage das erforderte.
3. Kein Dogma kann daher die *ganze* Wahrheit des Glaubens mit all ihrem Reichtum zum Ausdruck bringen. Wir können die Dogmen mit vielen Fenstern vergleichen, die alle den Blick auf einen schönen Baum in

einem großen Innenhof freigeben. Durch jedes Fenster sieht man denselben Baum, und doch sieht man durch jedes Fenster etwas anderes, weil man eine Seite des Baumes sieht, die man von den anderen Fenstern so nicht sehen kann. Oder wir können die Dogmen vergleichen mit Wegweisern, die uns den Weg nach einer großen Stadt zeigen. Das tun sie nicht, wenn wir sie alle in einem Geräteschuppen beisammen haben. Sie müssen jeweils an der richtigen Stelle stehen, und was an der einen Wegkreuzung richtig war, hilft an der nächsten vielleicht nur wenig, so dass es eines neuen Wegweisers bedarf.

Dogmen sind seltener, als man denkt

Die richtige Verkündigung eines Dogmas ist durch all dies meist sehr schwierig, und die richtige Beachtung der Dogmen, in denen sich früher schon einmal der Glaube der Kirche ausgesprochen hatte, ist ebenfalls nicht leicht. Immer werden die einen auf wortwörtliches Bewahren und Einschärfen drängen (deshalb nennt man sie gern „konservativ"), und die anderen werden fordern, man müsse darüber hinausgehen und etwas Neues sagen (deshalb nennt man sie gern „progressiv"). Bei der Verkündigung der Dogmen in der Vergangenheit sind gewiss häufig Fehler gemacht worden, das heißt: man hat unnötig scharf geschossen, war zu schnell mit Verurteilungen bei der Hand, hat nicht genügend nachgedacht, ja, es haben sich zuweilen auch Machtinteressen und Ehrgeiz in die Verkündigung eines Dogmas eingeschlichen. Größer noch aber ist der Gewinn, den die Dogmen für die Kirche gebracht haben. Sie hat durch klare Lehrentscheidungen, die für die ganze Kirche verbindlich wurden, schwere Krisen gemeistert und Millionen Christen im Glauben wieder gefestigt. Gelegentlich beneiden uns evangelische Christen um diese Klarheit.

Anderseits sollten wir nicht meinen, in den evangelischen Kirchen gebe es keine Lehrautorität, weil es keinen Papst gebe. Auch in den evangelischen Kirchen wird, wenn es nötig ist, klare Stellung in Glaubensfragen bezogen. Im „Dritten Reich" war das zum Beispiel besonders wichtig, um die Gefahr abzuwenden, die den evangelischen Christen von seiten der von den Nazis begünstigten sogenannten „Deutschen Christen" drohte. Nur würde eine evangelische Bischofskonferenz oder eine Synode, die zu Glaubensfragen Stellung nimmt, nicht leicht wagen zu behaupten: Wer dies nicht annimmt, ist kein Christ mehr. Sie vertrauen darauf, dass der Heilige Geist durch die Diskussion und den Streit hindurch im Laufe der Zeit schon die Wahrheit ans Licht bringt. Die katholische Kirche dagegen glaubt, dass in besonderen Ernstfällen auch durch eine Entscheidung derer, die in Jesu Vollmacht in der Kirche Verantwortung tragen, die Wahrheit für die Gläubigen gewiss gemacht werden kann, weil dann gerade hinter einer solchen Entscheidung die Führung des Heiligen Geistes steht.

Sieht man von diesen besonderen Ernstfällen einmal ab, dann ist die Art, wie in beiden Kirchen die Wahrheit des Glaubens bewahrt und in Kraft bleibt, gar nicht so unähnlich, wie es zunächst scheint. Es werden ja in der katholischen Kirche keineswegs jeden Tag Dogmen verkündet. Das richtige Verständnis des Glaubens klärt sich zum allergrößten Teil durch fairen Meinungsstreit in der Theologie, die umsichtige, warnende, aber nicht festlegende Führung durch die Amtsträger und vor allem einfach durch die lebendige Glaubenspraxis der Christen.

Nichts ist nämlich falscher als die Annahme, das Dogma sei ein Kommando der Kirchenleitung, dem sich die Gläubigen blind zu fügen hätten. Das Dogma spricht vielmehr aus, was der Glaube der Kirche ist – also, was unser Glaube ist. Kein Papst kann ein Dogma verkünden, von dem er vorher weiß, dass es die Mehrzahl der katholischen Christen nicht bejaht.

Wieviel Dogmen gibt es?

Im Übrigen ist es fraglich, ob die Kirche heute zur Entscheidung von Streitfragen noch so selbstverständlich zum Mittel des Dogmas greifen wird wie früher. Das Zweite Vatikanische Konzil (1962-1965) hat zwar viele Beschlüsse gefasst, aber kein einziges Dogma verkündet. Die Welt und die Fragen der Menschen sind heute so kompliziert geworden, dass kein Amtsträger der Kirche so leicht sicher sein kann, alles Nötige bedacht zu haben. Dann aber soll man keine Fronten schaffen, die sich nachher als verhängnisvoll herausstellen könnten. Ein Dogma aber schafft immer klare Fronten. Deshalb hat wohl das Konzil lieber die Form ausführlicher Beschlüsse gewählt, bei denen man genauer auf die komplizierten Sachfragen eingehen und dennoch für die Zukunft offen und beweglich bleiben konnte.

Manchmal hört man die Frage: Wie viele Dogmen gibt es eigentlich? Das ist schwer zu sagen, weil, wie gesagt, viele Dogmen mehrmals mit anderen Worten verkündet worden sind. Man kann aber, sozusagen „für den Hausgebrauch“, eine Faustregel angeben: Dogma ist in der katholischen Kirche:

1. Was im Großen Glaubensbekenntnis der Messe, im *Credo* steht, denn es verbindet in seinen Aussagen

das Apostolische Glaubensbekenntnis mit den Entscheidungen der ersten allgemeinen Konzilien.

2. Dass es sieben Sakramente gibt, durch die Gott unseren Glauben stärkt und uns seine Gnade schenkt, und dass unter diesen sieben Sakramenten die Eucharistie das hervorragendste Sakrament ist, weil unter den Gestalten von Brot und Wein Christus selbst gegenwärtig ist.
3. Dass die Kirche, ihre Ämter und die Vollmachten ihrer Amtsträger keine menschliche Einrichtung, sondern von Jesus gewollt und in göttlicher Vollmacht begründet sind.

18. Kapitel

Können die getrennten Kirchen sich wieder vereinigen?

So wie die Kirchen heute sind, wie sie sich selber und wie sie einander sehen, können sie sich nicht wieder zu *einer* Kirche vereinigen. Wenn sie es versuchten, wäre es unwahrhaftig und unklug. Unwahrhaftig, weil die Kirchen im Ganzen sich im Glauben noch nicht so einig sind, wie manche Ungeduldige es sich denken – auch wenn zahlreiche Christinnen und Christen die Gegensätze, die die Theologen und Kirchenleitungen nach wie vor für gewichtig halten, nicht mehr verstehen können. Unklug aber, weil eine Kircheneinheit, die ein Werk der Ungeduld ist, nur neue Spaltungen nach sich ziehen würde, und zwar in allen Kirchen Spaltungen, die sich einstweilen noch als Gegensätze *innerhalb* der Kirchen abzeichnen, zwischen Gruppen, die sich zuweilen schon gegeneinander abkapseln und nicht mehr miteinander reden. Was nützte uns eine neue Kircheneinheit, wenn sie gleichzeitig mit neuen Abspaltungen von ihr bezahlt werden müsste?

Getrennte Kirchen

Außerdem: Es steht der Römisch-Katholischen Kirche in Deutschland ja nicht nur, wie man nicht selten der Kürze halber sagt, *die* Evangelische Kirche gegenüber, sondern zuerst einmal mehrere orthodoxe Kirchen (die griechische, die russische, die rumänische, die serbische), sodann die Evangelisch-Lutherischen Landeskirchen, die Evangelisch-Reformierten Landeskirchen, die (evangelische) Unierte Kirche, die Selbständige Evangelisch-Lutherische Kirche, Freie Evangelische Gemeinden, die Baptisten, die Mennoniten und noch andere sogenannte „Kleine" Kirchen, die aber im Ausland, zum Beispiel in den USA, zuweilen sehr groß sind. Die beiden „großen" evangelischen Kirchen, die Lutherische und die Reformierte, sind in Deutschland zusammengeschlossen in der „Evangelischen Kirche Deutschlands" (EKD), einer organisatorischen Einheit, die vor allem Gesprächspartnerin des Staates in Fragen von gemeinsamem Interesse ist wie zum Beispiel Staats-Kirchen-Verträgen (dem Gegenstück zu den „Konkordaten", wie sie die katholische Kirche mit dem Staat abschließt), Fragen des Religionsunterrichts an den öffentlichen Schulen, der Theologischen Fakultäten an den Universitäten, Fragen der Kirchensteuer und der sozialen Dienste der Kirchen, die darin den Staat entlasten. Natürlich wird dort auch über Fragen der Lehre diskutiert und darin auch über solche, die das Verhältnis zur Katholischen Kirche betreffen. Neben der EKD gibt es die „Vereinigte Evangelisch-Lutherische Kirche Deutschlands" (VELKD), eine Bekenntnisgemeinschaft, zu der die meisten Lutherischen Landeskirchen in Deutschland gehören, aber nicht alle. Doch sind alle Mitgliedskirchen der VELKD auch Mitglied in der EKD. Die Lutherischen Kirchen sind wie die Reformierten Kirchen zugleich Mitglied im Lutherischen beziehungsweise Reformierten Weltbund.

Gespräch zwischen den Kirchen

Die meisten dieser Kirchen und „kirchlichen Gemeinschaften" – nicht alle wollen „Kirche" sein! – arbeiten in Deutschland fruchtbar in der „Arbeitsgemeinschaft Christlicher Kirchen" (ACK) zusammen, vor allem bei praktischen Problemen, aber sie führen dort auch theologische Gespräche. Doch man kann kaum sagen: Sie alle befinden sich auf dem besten Wege zu einer wiedervereinigten Kirche. Diese enttäuschende Feststellung ist aber nicht so bedrückend, wie es zunächst scheinen mag. Gut möglich, dass schon die Frage nach „Wiedervereinigung" falsch oder zumindest missverständlich gestellt ist – darauf müssen wir zurückkommen. Vor allem aber: dass die Kirchen nicht auf dem Weg zur Wiedervereinigung sind, heißt ja nicht, es stünde zwischen ihnen immer noch so, wie es Jahrhunderte lang war. Die Zeiten sind vorbei, wo nichts als Misstrauen, Ablehnung, Beschimpfung, ja Hass zwischen den Kirchen war – und wo man deshalb auch nicht miteinander redete. Das Gespräch der Kirchen hat im 20. Jahrhundert, vor allem nach dem Zweiten Weltkrieg, ungeheure Fortschritte gemacht. Die Fachleute der Theologie beider Kirchen haben sich intensiv mit den alten Streitfragen befasst und festgestellt, dass man sich in vielen Fällen missverstanden, aneinander vorbeigeredet, vielfach auch bei der Festlegung der unaufgebbaren eigenen Lehre den Bogen überspannt hatte, um nur ja der Gegenseite nicht nachgeben zu müssen.

Auf dem Zweiten Vatikanischen Konzil und ebenso in wichtigen Kirchenversammlungen der evangelischen Kirchen hat diese Arbeit eine Anerkennung gefunden, die zu Beginn des Jahrhunderts und noch Jahrzehnte danach undenkbar gewesen war. Wenn katholische und evangelische Theologen und erfreulicherweise inzwischen auch Theologinnen heute über entscheidende Fragen des Glaubens sprechen, kann man oft kaum noch feststellen, wer Katholik und wer evangelisch ist. Das Zweite Vatikanische Konzil schließt die evangelischen Christen mit ein, wenn es von den getrennten Kirchen als „Kirchen“ spricht (Konstitution über die Kirche, Artikel 15: Ökumenismusdekret Artikel 19) – wo man sonst immer etwas geringschätzig von „religiösen Gemeinschaften“ oder gar von „nicht-katholischen Sekten“ gesprochen hat. Man diskutiert sogar schon offen über eine gegenseitige Anerkennung der kirchlichen Ämter und damit über eine gegenseitige Zulassung zur Kommunion beziehungsweise zum Abendmahl – wenngleich die Verantwortlichen mit Recht vor einer Übereilung warnen, die die noch bestehenden Gegensätze im Verständnis des Sakraments einfach überspringt.

Auch ein besonders heißes Eisen ist heute merklich abgekühlt: die Haltung zur konfessionsverschiedenen Ehe, früher mit einem äußerst unschönen Wort „Mischehe“, heute statt dessen schon gern „konfessions*verbindende*“ Ehe genannt. Die Kirchen haben ihre Eheordnungen für solche Ehen beträchtlich abgeändert und anerkennen heute nachdrücklich die persönliche Gewissensentscheidung der Brautleute, die eine solche Ehe schließen, wo sie früher scharfe Verbote, kirchliche Berufsverbote, ja Strafandrohungen, mindestens aber eindringliche Warnungen ausgesprochen hatten. Eine logische Folge davon sind zwischen den Kirchen verabredete Formulare für Trauungsgottesdienste, in denen auf diese oder jene Weise Amtsträger beider beteiligten Kirchen mitwirken, sogenannte „ökumenische Trauungen“. Womit natürlich nicht gesagt ist, es gebe in einer konfessionsverschiedenen Ehe keine Probleme mehr.

Ungelöste Streitfragen

Trotz all dieser Fortschritte bleiben ungelöste Streitfragen. Die evangelischen Kirchen – und ebenso die orthodoxen Kirchen! – werden zum Beispiel niemals das Amt des Papstes so anerkennen, wie es die katholische Kirche versteht – auch wenn der jeweilige Papst noch so „menschlich" und sympathisch sein Amt ausübt. Das hat ja Papst Johannes Paul II. schon veranlasst, in seiner Ökumene-Enzyklika *Ut unum sint* („Auf dass sie eins seien") von 1995 die getrennten Kirchen zum Gespräch darüber einzuladen, wie unter Wahrung „des Wesentlichen dieser Sendung" Form und Stil der Ausübung des Petrusamtes in der Kirche gestaltet werden könnte und sollte.

Die evangelischen Kirchen werden auch nie die Sakramente übernehmen und anerkennen, die die katholische (und die orthodoxe!) Kirche über Taufe und Eucharistie hinaus noch kennt, und sie werden trotz aller Annäherungen im ökumenischen Gespräch insbesondere die Eucharistie nie so verstehen, wie wir Katholiken es tun: als *Vergegenwärtigung* des Opfers Christi in der Mahlfeier, nicht nur als *Verkündigung und Zuspruch* seiner Heilsgabe. Die Verehrung der Mutter des Herrn und der Heiligen werden evangelische Christen nicht mitmachen (siehe dazu das folgende Kapitel). Evangelische Christen werden auch nicht zugeben, dass einmal abgelegte Ordensgelübde nur von der Kirche wieder gelöst werden können, und dass die Kirche sich so einschneidend um den rechtsgültigen Abschluss einer Ehe kümmert, wie es in der katholischen Kirche geschieht. Umgekehrt kann die katholische Kirche die Auffassungen nicht teilen, die die evangelischen Christen in all diesen und noch manchen anderen Fragen haben.

Gegenseitige Bereicherung

Es ist also nichts als redlich und wahrhaftig, wenn die Kirchen zur Zeit nicht bedenkenlos die Einheit herbeiführen. Es ist aber auch in einem ganz bestimmten Sinne nützlich und gut, wenn sie es noch nicht tun. Denn es gibt ja nicht nur *Streitfragen* zwischen den Kirchen, es gibt auch einfache *Unterschiede* in der Art der Frömmigkeit und im kirchlichen Leben. Diese Unterschiede waren und sind an sich kein Grund für eine Kirchenspaltung, aber die geschichtliche Entwicklung hat es mit sich gebracht, dass nun das eine nur oder überwiegend in der katholischen, das andere nur oder überwiegend in den evangelischen Kirchen lebendig ist, obwohl beides von großem Wert für den Glauben, jedenfalls aber von Grund auf christlich ist.

Nehmen wir zum Beispiel auf evangelischer Seite die Freude an der Heiligen Schrift; das Psalmen-Beten; die vielen schönen Lieder, die wir nicht kennen; die ganz tiefe Überzeugung, dass wir Sünder sind, auf Gottes Erbarmen hoffen müssen und uns nicht zuviel zutrauen dürfen; auf der anderen Seite die große innere Freiheit, sich auf Probleme dieser Welt einzulassen, oft wagemutiger und risikobereiter als wir Katholiken es tun. Nehmen wir auf katholischer Seite die größere Freude am Gemeinschaftsgottesdienst, an der Liturgie einschließlich ihres festlichen Zeremoniells; an den Sakramenten; die vielen überlieferten Gebetsformen, die bei uns lebendig sind und allen erlauben, sich das auszusuchen, was zum persönlichen Glaubensstil passt; die große fröhliche Weltfreudigkeit, die sich nicht scheut, alles Schöne dieser Welt in den Gottesdienst hineinzunehmen, auch wenn der christliche Glaube es gar nicht „erfunden" hat: Kerzen, Farben, Bilder, Wohlgerüche (Weihrauch!), Wasser, und alles unter den Segen Gottes zu stellen, was das Leben des Menschen prägt, vom Acker bis zum Auto, von den Feldfrüchten am Erntedankfest bis zu den Ostereiern am Ende des Gottesdienstes in der Osternacht. Außerdem hat der Glaube in den verschiedenen Kirchen gewissermaßen einen eigenen „Stil", den man gar nicht so recht beschreiben kann, den man aber sofort spürt, wenn man zum Beispiel im Rundfunk oder bei einer Fernsehübertragung eine Predigt in einem evangelischen Gottesdienst und eine Predigt in einem katholischen Gottesdienst hört und beide zu vergleichen versucht.

Gewiss, manches von dem, was wir genannt haben, wird inzwischen schon wechselseitig zwischen den Kirchen „ausgetauscht" und übernommen. Wir singen inzwischen Lieder aus dem evangelischen Gesangbuch auch im katholischen Gottesdienst. Denn sie stehen mit Nennung ihrer Autoren im katholischen „Gotteslob" – übrigens nicht erst seit unseren „ökumenischen" Zeiten, sondern, wenn auch vorsorglich anonym, schon seit dem 16. Jahrhundert. Die geistliche Musik eines Heinrich Schütz, Dietrich Buxtehude, Johann Sebastian Bach und der anderen großen Komponisten des Barock, aber ebenso auch moderner evangelischer Komponisten erklingen in katholischen Kirchen. Unsere Lesungsordnung, bei der in einem Drei-Jahres-Zyklus an den Sonntagen das ganze Neue Testament und große Teile des Alten Testamentes gelesen werden und die Prediger verpflichtet sind, über diese Texte zu predigen (eine „Homilie" zu halten), hat auf Weisung des Konzils ein urreformatorisches Anliegen aufgenommen. Umgekehrt werden Mozarts Messen bei festlichen evangelischen Abendmahlsgottesdiensten gesungen. Liturgische Gewänder, festliche Formen des Gottesdienstes, religiöses Brauchtum wird auf evangelischer Seite wiederentdeckt.

Dennoch bleibt nach wie vor vieles Wertvolle schwerpunktmäßig auf die eine oder die andere Kirche beschränkt. Wer garantiert, dass bei einer Wiedervereinigung der Kirchen nicht vieles davon abstirbt, um die Einheit nicht zu belasten? Die Einheit der Kirche ist einstmals durch die Schuld der Christen zerbrochen. Aber nach der Trennung haben *alle* Kirchen in sich selbst neuen Reichtum des christlichen Lebens geschaffen und wollen ihn mit Recht bewahren. Solange nicht sicher ist, dass dieser Reichtum ohne Verlust in eine wiedervereinigte Kirche eingebracht wird, ist es – ganz abgesehen von den bleibenden Streitfragen – besser, wenn die Kirchen ihr eigenes lebendiges Erbe hüten und vermehren. Für den Glauben ist dieser spannungsvolle Wetteifer lebendiger Frömmigkeit in den Kirchen ein größerer Ansporn als eine Einheit, die um den Preis einer Verarmung erkauft würde.

„Kirchengemeinschaft"

An dieser Stelle müssen wir auf den eingangs gegebenen Hinweis zurückkommen, ob nicht die Frage nach „Wiedervereinigung" falsch gestellt ist. Gewiss, in all den Jahrhunderten seit der Reformation, ja seit der Trennung von der Ostkirche im Jahre 1054, wurde die Frage so gestellt. Übrigens auch innerhalb der getrennten Kirchen selbst.

Die katholische Kirche verstand darunter umstandslos die „Rückkehr“ der getrennten Brüder und Schwestern in die Kirche unter dem Papst, in die römisch-katholische Kirche. Die evangelischen Kirchen dachten an einen eher lockeren Zusammenschluss nach Überwindung unecht gewordener Lehrgegensätze, vor allem zwischen den lutherischen und den reformierten Kirchen. Die orthodoxen Ostkirchen dachten an eine Rückkehr aller westlichen Kirchen zur theologischen und kirchlichen Tradition des ersten Jahrtausends vor der Trennung zwischen Ost und West. Die katholische Kirche hat sich von daher der Ökumenischen Bewegung immer ferngehalten. Diese war seit der zweiten Hälfte des 19. Jahrhunderts und verstärkt seit dem Beginn des 20. Jahrhunderts bis zur Gründung des „Ökumenischen Rates der Kirchen“ 1948 mit Sitz in Genf (daher im Volksmund: „Evangelischer Vatikan“) eine innerevangelische Angelegenheit. Erst 1961 traten auch die orthodoxen Kirchen dem Ökumenischen Rat bei. Fast gleichzeitig und zur Überraschung vieler schaltete sich nun auch die katholische Kirche erstmals offiziell in die Ökumenische Bewegung ein – auf dem Zweiten Vatikanischen Konzil durch das 1964 verabschiedete sogenannte „Ökumenismusdekret“.

Das gab zunächst dem Stichwort „Wiedervereinigung“ eine neue Kraft. Aber zugleich wurde auch deutlich, dass an eine solche „Wiedervereinigung“ nicht zu denken war, wenn diese auch nur irgendwie auf eine uniforme Kirche hinauskommen sollte, im Klartext: auf eine Kircheneinheit in der Form der römisch-katholischen Kirche, wie wir sie kennen. Und weil das Wort „Wiedervereinigung“ diesen Beigeschmack von „uniformer Kirche“, die keiner will, nicht verlieren kann, hat sich seit den 70er Jahren des 20. Jahrhunderts ein anderes

Wort eingebürgert, das das Gemeinte und einzig Sinnvolle besser wiedergibt: „Kirchengemeinschaft". Die denkt man sich so: Die verschiedenen Kirchen bleiben so, wie sie sind, mit ihren gewachsenen Lebensformen, Verfassungen, Ämtern und Ausprägungen der Frömmigkeit. Als solche erkennen sie sich gegenseitig als *„Kirche Jesu Christi" im Sinne des Glaubensbekenntnisses* an und schließen sich daraufhin zu einer Gemeinschaft von Kirchen zusammen, innerhalb derer sie ihr Eigenleben weiterführen. Natürlich wird diese Kirchengemeinschaft auch ein Dachorganisation haben, eine Art „Sprecheramt" für die Gemeinschaft, aber ohne „Jurisdiktion" über die einzelnen Kirchen, das heißt: ohne rechtliche Weisungsvollmacht, wie sie ein Papst in der römisch-katholischen Kirche hat. Eine solche Gemeinschaft setzt natürlich voraus, dass keine der beteiligten Kirchen der anderen ernsthaft einen Verrat an den Kernaussagen des Neuen Testamentes und der Lehrentscheidungen der Alten Kirche vorwerfen muss. Wenn eine Kirche zum Beispiel allen Ernstes behaupten würde, Maria sei neben Christus „Miterlöserin", so wäre dafür in einer Kirchengemeinschaft, zu der auch evangelische Kirchen gehören, kein Platz (siehe das nachfolgende Kapitel). Aber ansonsten muss man nicht über alles und jedes immer einer Meinung sein – zum Beispiel, ob die Amtsträger der Kirche ihr Amt mehr eigenverantwortlich ausüben sollen oder stärker gebunden an Gremien und Synoden. Die Gemeinschaft muss auch Gegensätze aushalten können.

Was aber nun zum unveräußerlichen Kern christlicher Lehre gehört und was als Unterschied oder sogar Gegensatz stehen bleiben kann, ohne die Gemeinschaft aufzuheben, darüber müssen die Kirchen nun diskutieren mit Hilfe ihrer Fachleute. Für das Endergebnis – das

„Ziel: Kirchengemeinschaft" (siehe die Leseempfehlungen am Ende dieses Buches) – haben die evangelischen Kirchen einen schönen Begriff gefunden, der inzwischen auch von Katholiken gern gebraucht wird: Gemeinschaft in „versöhnter Verschiedenheit". Dieser Begriff meint nicht ein bequemes Verweilen beim Status quo, ein faules Sich-gegenseitig-in-Ruhe-Lassen. Er verweist auf eine neue Form, sich gegenseitig zu begegnen, einander Fragen zu stellen, ja auch Konflikte auszutragen. Man sitzt nun nicht mehr gleichsam, wie bei politischen Verhandlungen, einander an einem langen Tisch misstrauisch gegenüber, sondern wie in einer Familie um einen runden Tisch. Streitigkeiten sind nicht mehr Gegensätze zwischen Konfliktparteien, sondern *innerfamiliäre* Diskussionen. Auf diese Weise kann es dann geschehen, dass gegenseitige Kritik und Befragung langfristig oder sogar schon mittelfristig auch zu Veränderungen innerhalb der bestehenden und in der Gemeinschaft lebenden Kirchen führen, etwa auf dem Gebiet des Gottesdienstes, der Gestalt des Amtes, der Seelsorge. Aber das darf man dann getrost der geschichtlichen Entwicklung überlassen.

Die „Leuenberger Konkordie"

In der evangelischen Christenheit ist solche Kirchengemeinschaft nach langer Vorbereitung und ausführlichen Diskussionen 1973 verwirklicht worden in der sogenannten „Leuenberger Konkordie", benannt nach dem Ort ihrer Verabschiedung, Leuenberg in der Schweiz, wo lutherische, reformierte und unierte Kirchen Europas sowie die Böhmischen Brüder in Tschechien und die Waldenser in Italien erklärten, die nach wie vor bestehenden und nicht wegdisputierten Lehrgegensätze zwischen den Kirchen – vor allem in der Lehre vom Abendmahl – seien nicht von der Art, dass sie nach heutiger Einsicht (im Unterschied zum 16. Jahrhundert!) Kirchengemeinschaft noch verhindern dürften. Man beachte: Hier hat man nicht, wie bisher, nach einer gemeinsamen Formel über und unter den Gegensätzen gesucht, sondern sich gefragt: Müssen wir uns noch gegenseitig verurteilen und die Gemeinschaft verweigern, wenn wir gerade *keine* gemeinsame Formel finden, sondern bei unseren jeweiligen Bekenntnissen bleiben? Dieser „Konkordie" haben sich inzwischen an die 100 Kirchen in Europa angeschlossen. Zwischen ihnen ist sogenannte „Kanzel- und Altargemeinschaft" vereinbart, das heißt: Die Kirchen lassen ihre Gläubigen gegenseitig zum Abendmahl zu und ein Amtsträger – oder eine Amtsträgerin – des einen Bekenntnisses kann Pastor/Pastorin in einer Gemeinde des anderen Bekenntnisses werden. Hier ist also wirklich geworden, was der heutige Kardinal Ratzinger als Theologieprofessor in den 70er Jahren einmal als Ziel formuliert und auch als Kardinal später wiederholt hat: „Kirchen, die Kirchen bleiben und *eine* Kirche werden".

Die Leuenberger Konkordie hat Pate gestanden nicht zur Kopie, aber doch zur Fragestellung bei dem Dokument, das der deutsche „Ökumenische Arbeitskreis evangelischer und katholischer Theologen" im Auftrag einer „Gemischten Ökumenischen Kommission" aus Vertretern der Deutschen Bischofskonferenz und des Rates der EKD seit 1982 erarbeitet und 1986 veröffentlicht hat unter dem Titel: „Lehrverurteilungen – kirchentrennend? Rechtfertigung, Sakramente und Amt im Zeitalter der Reformation und heute". Darin wird gefragt, ob die gegenseitigen Lehrverurteilungen („Anathematismen", „Verwerfungen") zwischen den reformatorischen

Bekenntnisschriften und den Beschlüssen des antireformatorischen Konzils von Trient (1545-1563) die Kirchen von heute noch treffen und somit Kirchengemeinschaft ausschließen. Ergebnis: Nein – weil, wie es heißt, die gegenwärtige Lehre der Kirchen nicht von jenem Irrtum bestimmt ist, den die alte Verwerfung abwehren wollte.

Die „Gemeinsame Erklärung zur Rechtfertigungslehre"

Das Kapitel über die „Rechtfertigung des Sünders" in diesem Dokument wurde im Verein mit anderen Dokumenten und Projekten vor allem in den USA zum Anlass für die Erarbeitung der „Gemeinsamen Erklärung zur Rechtfertigungslehre", die der Präsident des päpstlichen Rates für die Förderung der Einheit der Christen („Einheitrat"), Kardinal Edward Cassidy, und Vertreter der Kirchen des Lutherischen Weltbundes aufgrund der Zustimmung der hohen Mehrheit der Gliedkirchen am 31. Oktober 1999 in Augsburg unterzeichnet haben. Am letzten Reformationstag des 2. Jahrtausends, in der Stadt der wichtigsten Ereignisse der Reformationsgeschichte! In dieser Erklärung wird festgestellt, dass in den strittigen Punkten der sogenannten Rechtfertigungslehre, ohne Fachausdrücke: in der Frage nach den Grundlagen unseres heilvollen Verhältnisses zu Gott durch das Werk Jesu Christi, eine grundlegende Übereinstimmung besteht, ein sogenannter „Grundkonsens". Dieser schließt unterschiedliche Ausgestaltungen der Lehre im Einzelnen, unterschiedliche Weisen, diesen „Konsens" auszudrücken, nicht aus. Aber diese Unterschiede heben die Gemeinsamkeit nicht auf, sie sind, wie gesagt wird, „tragbar". Von dieser gemeinsamen Basis aus, so formuliert das Dokument am Schluss, müssten nun die anderen offenen Streitfragen angepackt werden: Sakramente, Kirche, Amt.

Natürlich hat es zu all diesen Vorgängen im Vorfeld heftige Diskussionen gegeben, vor allem zur „Gemeinsamen Erklärung“ – zwischen Theologen, kirchlichen Amtsträgern, sogar theologisch interessierten Gemeindegliedern, und dies auf Fachkongressen, in theologischen Fachzeitschriften und sogar in der Tagespresse. Die Unterzeichnung ist dennoch nicht verhindert worden. Sie bedeutet einen großen Schritt vorwärts in Richtung auf Kirchengemeinschaft, wie wir sie hier beschrieben haben. Denn: Es war das erste Mal, dass die Ergebnisse jahrzehntelanger theologischer Arbeit der Fachleute nicht nur freundlich zur Kenntnis genommen, sondern in aller Form von den offiziellen Vertretern der beteiligten Kirchen anerkannt und als Basis weiterer Arbeit angenommen worden ist.

Das bedeutet auch für Christen, die sich in den Gemeinden für den ökumenischen Fortschritt einsetzen, mehr als nur den Einblick in eine theologische Fachdiskussion – um nicht (mit vielen!) zu sagen: in ein „Theologengezänk“. Wenn ein Redner, der vor Gemeindepublikum über den Stand der Beziehungen zwischen den getrennten Kirchen einen Vortrag hielt, am Ende zu dem Ergebnis kam: Es ist mehr Gemeinsamkeit zwischen den Kirchen möglich, als bisher verwirklicht, dann konnte jeder und jede im Publikum fragen (und fragte auch!): „Und was sagt die Lehre der Kirche dazu?“ „Was sagen unsere Bekenntnisschriften dazu?“ Dann musste der Redner zugeben: „Ich trage hier meine gewissenhaft begründete persönliche Meinung vor, und ich stehe damit nicht allein.“ Seit dem 31. Oktober 1999 ist es umgekehrt. Der Redner trägt zum Thema der „Gemeinsamen Erklärung“, also zu den Grundlagen unseres Gottesverhältnisses, die offizielle Auffassung der beteiligten Kirchen vor. Der muss niemand zustimmen – es handelt sich ja weder um ein Dogma noch um ein verbindliches Bekenntnis im reformatorischen Sinne. Aber wer eine andere Meinung vertritt, der sagt jetzt seinerseits nur seine Privatmeinung!

Zusammenarbeit

Wenn wir also zurückblicken, wenn vor allem die Älteren 50 Jahre zurückdenken, dann müssen wir sagen: Es liegt zwar noch ein langer und mühseliger Weg vor uns, bis „Kirchengemeinschaft" und in dieser Form eine neue Einheit der Kirche erreicht sind. Aber wir sind diesem Ziel doch trotz aller Widerstände, und das heißt: trotz aller Trägheit des Geistes und der Herzen ein gewaltiges Stück nähergekommen – nein: von Gottes Geist vorangebracht worden.

Um so wichtiger ist, dass katholische, evangelische und gegebenenfalls orthodoxe Christen dort zusammenarbeiten, wo sie miteinander leben: in ihren Gemeinden, wo oft schon die evangelische Kirche dicht neben der katholischen steht – und die orthodoxe Kirche nur eine Straßenbahnfahrt entfernt. Das Wichtigste ist, einander gründlich kennen zu lernen. Also miteinander über den Glauben sprechen, auch über die Glaubensunterschiede – aber mehr noch, wie man im Glauben lebt, wie man betet, wie man die Kinder religiös erzieht. Gehen Sie ruhig auch einmal in einen evangelischen Gottesdienst, vergleichen Sie mit dem katholischen Gottesdienst: Was ist anders, was ist besser, was ist weniger schön? Regen Sie die jeweiligen Pfarrer zu gemeinsamen Veranstaltungen an, wo immer man das kann: Vorträge, Diskussionen, aber auch Pfarrfeste, Altenabende, gesellige Veranstaltungen... Man soll zusammentun, was man zusammentun kann und wozu es gute Vorschläge gibt (siehe die Leseempfehlungen): Eheberatung, Erziehungshilfe, soziale Dienste, Sorge für ausländische Mitbürger und Arbeitskräfte und andere Menschen, die sich schlecht zurechtfinden, kluge gegenseitige Unterstützung im Religionsunterricht (warum soll nicht ein evangelischer Religionslehrer die katholischen Schüler über die evangelische Kirche informieren und umgekehrt?), gut vorbereitete gemeinsame Wortgottesdienste... Und eines sollte ganz klar und selbstverständlich sein: Im Berufsleben darf es gar keine Rolle mehr spielen, ob jemand katholisch oder evangelisch oder orthodox ist.

Oft hört man von ökumenisch eifrigen Gemeindemitgliedern Klagen über den „Starrsinn" der Vertreter der „Institution". Wenn es denn so wäre, so könnte man ihnen mit nichts besser den Wind aus den Segeln nehmen als dadurch, dass wir keine Möglichkeit der Zusammenarbeit dort auslassen, wo man niemand zu fragen braucht. Denn soviel ist ja sicher: Wenn in den Gemeinden keine Erfahrung mit Zusammenarbeit und daher keine positive „Stimmung" für weitere mutige ökumenische Schritte vorhanden ist, dann sind in jedem Fall auch die Amtsträger am Ende ihres Lateins. Zumindest haben sie dann die bestmögliche Ausrede der Art: „Die Zeit ist noch nicht reif." Die Ernte gibt Gott. Aber für warmes, die Reife förderndes Klima zu sorgen ist *uns* aufgegeben.

19. Kapitel

Sollen wir die Heiligen verehren?

In der Nähe von Freiburg im Breisgau, hoch über der ehemaligen Abtei St. Peter auf einer Bergnase im Schwarzwald, liegt der kleine Luftkurort St. Märgen, Ziel einer Wallfahrt jedes Jahr zum Patrozinium am 15.August, dem Fest der Aufnahme Mariens in den Himmel. Etwas außerhalb des Ortes, auf der „Ohmen" genannten Anhöhe, liegt die „Ohmen-Kapelle". Sie ist dem Heiligen Apostel Judas Thaddäus geweiht – ein Wallfahrtsort im Wallfahrtsort. Die Kapelle wurde gebaut, der Apostel wird hier verehrt, weil vor langer Zeit, so erzählt man sich, ein Mann nach Anrufung des heiligen Apostels durch das Wasser einer ein wenig unterhalb im Wald gelegenen Quelle geheilt worden sei. Die Quelle heißt daher „Judas-Thaddäus-Brünnle". Im Eingang zur Kapelle liegt ein Fürbitt-Buch aus, in dem die Besucher ihre Bitten an den heiligen Apostel eintragen können. In der Kapelle selbst hängen zahlreiche Votivtafeln mit Inschriften wie „Dem hl. Judas Thaddäus sei Dank!" „Der hl. Judas Thaddäus hat geholfen." Vor dem Altar mit seinem Bild brennen zahlreiche Lichter auf einem dafür eigens hergerichteten Lichterständer.

Wer in dem Fürbitt-Buch liest, begegnet der Menschheit ganzem Jammer im Spiegel von Menschen, die buchstäblich von Unglück zu Unglück geschlagen werden. War es der hl. Apostel, der gegebenenfalls geholfen hat?

Der unfassbare Gott

Wenn wir solche Christinnen oder Christen, die ihre Not ins Fürbitt-Buch geschrieben und sich später für Hilfe des Heiligen bedankt haben, fragen würden: „Wer hat denn nun geholfen: Gott selbst oder der hl. Judas Thaddäus?“, so käme gewiss die Antwort: „Natürlich Gott selbst, auf die Fürbitte des hl. Judas Thaddäus!“ Und so ist es auch bei allen anderen Wallfahrtsorten der katholischen Kirche, vor allem bei den Marienwallfahrtsorten, wo Christen unvergleichlich zahlreicher als in St. Märgen ihre Not hintragen und Dank für Hilfe abstatten.

Aber warum rufen sie dann nicht gleich Gott selbst an, dessen Liebe und Freundlichkeit uns doch gewiss ist, und statt seiner den Heiligen oder die Heilige? Es gibt dafür zunächst einen ganz einfachen und sehr menschlichen Grund. Gott ist unsichtbar und unfassbar. Wir glauben an ihn auf Grund seines Wortes, das durch die Heilige Schrift an unser Ohr gedrungen ist, und auf Grund seiner Spuren, die wir in der Welt und im Leben der Menschen entdecken. Ihn selbst aber fassen wir nicht. Darauf mussten wir in den ersten Kapiteln dieses Buches immer wieder hinweisen, vor allem im 1., 5. und 6. Kapitel. Nun sind wir aber Menschen aus Leib und Seele. All unser geistiges Leben, unser Nachdenken, unser Streben, unser Hoffen, unsere liebende Beziehung zu anderen Menschen geschieht immer gebunden an den Leib, an leibliche Ausdrucksformen. Was wir geistig mitteilen wollen, Gedanken, Schlussfolgerungen, Anweisungen, Forderungen, drücken wir aus in Worten, begleitet von entsprechendem Gesichtsausdruck und Mienenspiel bis hin zum stummen Handschlag oder einer wortlosen Umarmung, die oft viel mehr sagen können als Worte.

Es ist darum nur natürlich, wenn wir auch den unfassbaren Gott auf irgendeine Weise „fassen“ möchten. Wenn wir ihm im aufgeschriebenen und gehörten Bibelwort begegnen, wenn wir uns an seine sichtbaren und erlebbaren Spuren halten dürfen, was liegt dann näher, uns auch und mit Vorzug an die zu halten, die, wie wir es auch für uns alle erhoffen (siehe 22. Kapitel), ihn schon jetzt „von Angesicht zu Angesicht“ schauen (1 Kor 13,12)? Ihr irdischer Tod kann da keine Grenze ziehen, wenn wir an die „Gemeinschaft der Heiligen“ glauben (Glaubensbekenntnis), also an die, „die bei dir Gnade gefunden haben von Anbeginn der Welt“ (2. Hochgebet der Eucharistiefeier). Ist das nicht sogar viel besser, als wenn wir Gott in seinen Spuren in der nicht-menschlichen Natur zu „fassen“ suchen, in Sonne, Mond und Sternen, in Wasser und Wind, in Wald und blühendem Feld? Da haben schon die alten Heiden die Gottheit gesucht – und am Ende Sonne, Mond, Bäume, Meer und Quellen für Götter gehalten und noch viele andere sich ausgedacht, die dann für alle einzelnen Nöte der Menschen „zuständig“ waren.

Solche Verwechslung von Spur und Wirklichkeit kann uns nicht passieren, wenn wir die Heiligen anrufen, *weil* sie Gott nicht mehr nur in seinen Spuren schauen, sondern so, wie er ist. Die Kirche hat darum die Verehrung der Heiligen immer zugelassen und dabei notfalls in Kauf genommen, dass sich gelegentlich auch einmal abergläubische Vorstellungen und Praktiken einschlichen. Sie hat auch in Kauf genommen, dass es von außen betrachtet so aussieht, als habe sie die alten Götter und ihre „Zuständigkeiten“ gegen die Heiligen „ausgetauscht“, die alten Götter gleichsam „getauft“ und ihnen Namen der Heiligen gegeben.

Treue katholische Christen, die ihren Katechismus gut gelernt haben, kann man also nicht mit dem Vorwurf in Verlegenheit bringen, sie betrieben Aberglauben, wenn sie die Heiligen verehren und anrufen. Sie verwechseln nicht die Heiligen mit Gott, sondern praktizieren die Gemeinschaft der Heiligen, in der einer des anderen Last trägt (Gal 6,2). Doch kann diese Überlegung nicht alles sein. Nicht umsonst ist die Heiligenverehrung immer noch ein besonders schwer aus dem Weg zu räumender Stolperstein im ökumenischen Gespräch mit der evangelischen Christenheit (siehe das vorangehende Kapitel).

Evangelische Christenmenschen sind vor allem von zwei Dingen befremdet: dass wir Katholiken unter „Heiligen" solche verstehen, die in ihrer Frömmigkeit und in ihrem christlichen Leben etwas Besonderes, Herausragendes geleistet haben, dass sie also, wie man gern sagt, eine „heroische Tugend", ein religiöses Heldentum vorgelebt haben; und: dass wir sie als Mittler zu Gott anrufen. Das erste scheint geradewegs gegen die Grundwahrheit zu verstoßen, dass unser ganzes christliches Leben Gnade ist, Geschenk, und nicht Erfolg unserer Anstrengung, so unentbehrlich sie anschließend auch ist. Und der zweite Verdacht meint, die alleinige Mittlerschaft Jesu Christi zwischen Gott und uns Menschen, von der Heiligen Schrift ohne jede Einschränkung bezeugt (siehe 1 Kor 3,22), sei durch die Heiligenverehrung verdunkelt. Das gilt vor allem für die Verehrung der Jungfrau und Gottesmutter Maria. Beide Bedenken bündeln sich in der bis heute nicht selten zu hörenden Falschmeldung, wir Katholiken würden „die Heiligen anbeten".

Aber beide Bedenken beruhen auf einem Missverständnis – auch wenn der Augenschein zuweilen dazu Anlass gibt. Zunächst: Die „Heiligen“ sind nicht nur diejenigen, zu denen wir beten, die also, wie man gern sagt, „zur Ehre der Altäre erhoben“ sind. Nein, wir alle sind „Heilige“, nicht nur in einem allgemeinen, abgeschwächten Sinne, sondern ganz streng genommen. Lassen wir einmal folgenden Text auf uns wirken: „Paulus, durch Gottes Willen berufener Apostel Christi Jesu, und der Bruder Sosthenes an die Kirche Gottes, die in Korinth ist – an die Geheiligten in Christus Jesus, berufen als Heilige mit allen, die den Namen Jesu Christi, unseres Herrn, überall anrufen, bei ihnen und bei uns. Gnade sei mit euch und Friede von Gott, unserem Vater, und dem Herrn Jesus Christus“ (1 Kor 1,1-3). Mit diesen Worten begrüßt der Apostel seine Gemeinde in Korinth zu Beginn seines ersten Briefes. Und am Ende seines zweiten Briefes sagt er kurz und bündig: „Es grüßen euch alle Heiligen“ (2 Kor 13,12), nämlich die in Ephesus, wo Paulus diesen Brief schrieb.

Die Christen in Korinth waren aber alles andere als „Helden“ der Tugend. Dazu braucht man nur die beiden Briefe des Apostels weiter zu lesen: endlose Streitereien, Auseinandersetzungen bei der Eucharistiefeier, Unterdrückung der Armen, Unkeuschheit – keine Erbärmlichkeit, die nicht vorgekommen wäre! Und diese Leute nennt Paulus „Heilige“. Und er sagt auch, warum. Sie sind *geheiligt* in Christus Jesus, also heilig *gemacht*. Sie sind *berufen* als Heilige, und zwar mit allen, die *überall* den Namen Jesu anrufen. „Heiligkeit“ ist also etwas, das man *empfängt*, nicht der Ertrag einer Art sittlichen Hochleistungs-Trainings. Das Zeichen davon aber ist, dass man zur Gemeinde gehört, zur Kirche „überall“. Nicht mehr, aber auch nicht weniger.

„Heiligsprechungen"

Wie es dahin kam, dass dieses Verständnis von Heiligkeit, die mit der Zugehörigkeit zur Kirche zusammenfällt, sich fortschreitend verengte, bis schließlich nur noch das Bild eines außerordentlichen Christen übrig blieb, zu bewundern und zu verehren, aber nie erreichbar für einen „normalen" Christenmenschen in den Zwängen seines alltäglichen Lebens und seiner beruflichen Pflichten – das ist eine lange Geschichte, die wir hier nicht in Kürze erzählen können. Am Anfang stehen auch keine „Heiligsprechungen", wie wir sie heute kennen. Die Verehrung der Heiligen brach spontan im Volke auf – und wurde gegebenenfalls von den Bischöfen nur gutgeheißen. Zuerst waren nur die Märtyrer, die Blutzeugen Christi, verehrungswürdige „Heilige". Dann, nach der Verfolgungszeit, begann man auch andere vorbildliche Christinnen und Christen zu verehren. Die ersten „Heiligsprechungen" erfolgten erst gegen Ende des ersten christlichen Jahrtausends – wiederum durch Bischöfe. Erst seit dem 13. Jahrhundert kümmerten sich die Päpste um die Heiligenverehrung. Das Endergebnis ist heute: Keine Heiligsprechungen mehr durch Bischöfe, vielmehr nur durch den Papst auf der Grundlage eines genau geregelten Verfahrens. Darin muss nicht nur die „heroische Tugend" der „Heiligzusprechenden" nachgewiesen werden, sondern auch, wie seit langem, ein „Wunder", zum Beispiel eine medizinisch unerklärliche Heilung auf ein Gebet zu dem Verewigten hin – und beim Urteil darüber nimmt es die Kirche sehr genau. Doch selbst dann ist der Papst nicht gezwungen, dem Ergebnis des Verfahrens zu folgen, er bleibt ihm gegenüber völlig frei.

Im Zuge dieser Entwicklungen ist es dahin gekommen, dass die Vorstellung von „Heiligkeit" immer enger wurde, immer mehr zu etwas Außergewöhnlichem, besonders Radikalem wurde, manchmal an der Grenze zur Übersteigerung. Es verwundert dann nicht, dass als „Kandidaten" für Heiligsprechungen nur Bischöfe, Priester, Ordensleute und Witwen in Frage kamen, auf jeden Fall aber Unverheiratete. Aber nicht jeder Christ kann ein Franz von Assisi werden, nicht jede Christin eine Mutter Theresa. Und wie will man auch die „heroische Tugend" von christlichen Eheleuten im Innenbereich ihrer Ehe feststellen und nachweisen?

Das evangelische Bedenken ist also verständlich. Und doch ist es ein Missverständnis. Denn keine und keiner der „Heiliggesprochenen" käme auf die Idee, das eigene Leben, und wäre es noch so außergewöhnlich, selbstzufrieden auf die eigene Tugend zurückzuführen. Könnte man sie fragen, so würden sie antworten – und haben vielfach so geantwortet: Ich habe nur getan, wozu es mich ganz selbstverständlich gedrängt hat; wozu ich mich unwiderstehlich gerufen fühlte. Und dass ich durchgehalten habe, war reine Gnade.

Sollte uns also einmal ein evangelischer Christ den Vorwurf machen: „Ihr Katholiken macht euer Verhältnis zu Gott abhängig vom Erfolg eures Tugendstrebens – Beweis: die Heiligenverehrung", dann können wir antworten: „Nein! Denn ich bin genauso ‚heilig' wie du und wie der heilige Franziskus!" Freilich, wir sollten uns auch selbst öfter darauf hinweisen und uns klar machen: Die „Heiligen" auf den Altären sind solche, die von Gott auf einen *besonderen* Weg gerufen wurden und diesem Ruf auch gefolgt sind – einen Weg, den nicht alle gehen können, ohne dass sie dadurch weniger zu der Gemeinde der „Heiligen“ gehören, in der der Name unseres Herrn angerufen wird.

Christus, der einzige Mittler zum Vater

Ernster ist das andere Bedenken: Wird nicht durch die Heiligenverehrung die Bedeutung Jesu Christi als des alleinigen Mittlers zwischen uns Menschen und dem Vater verdunkelt? Es gibt in der Tat Gebete, die diesem Bedenken Recht zu geben scheinen. Vor allem das sehr alte Gebet zu Maria „Unter deinen Schutz und Schirm“ enthält am Schluss die Anrufung: „O du glorwürdige und gebenedeite Jungfrau, unsere Frau, *unsere Mittlerin,* unsere Fürsprecherin…“. Es ist kein Wunder, wenn einfältige Christenmenschen sich die Sache so vorstellten: Jesus Christus ist Gottes Sohn, allmächtig als Gott selbst – aber darum auch weit weg und unfassbar wie Gott selbst. Aber seine Mutter ist eine von uns, und Jesus als Mensch wird doch, wie im irdischen Leben, seiner Mutter vorbildlich gehorsam sein. Wenn sie also Fürsprache für uns einlegt, ist das noch wirksamer, als wenn wir uns unmittelbar an ihn wenden! So waren denn auch im Spätmittelalter die äußeren Formen der Marienverehrung und der Heiligenverehrung ganz allgemein so, dass dem Augenschein nach Jesus Christus als unser einziger Erlöser ins Zwielicht geriet. Dagegen – und nur dagegen – haben die Reformatoren, Martin Luther, seine Mitarbeiter und Anhänger, protestiert. Das Volk hing aber so an diesen übertriebenen Formen der Heiligenverehrung, dass die Reformatoren damals mit nichts größere Mühe hatten als damit, dem Volk klarzumachen, dass es dabei nicht immer mit rechten Dingen zuging.

Und doch ist auch hier ein Missverständnis im Spiel. Auch das eben zitierte Mariengebet bezeichnet Maria nicht als „Mittlerin“ zum *Vater*, sondern zu *Jesus* – wie es am Schluss heißt: „… führe uns zu deinem *Sohne*.“ Vor allem aber müssen wir hier auf eine Tatsache hinweisen, die treuen Katholiken befremdlich klingen mag und doch wahr ist: Es gibt keine verbindliche Lehre der Kirche, kein „Dogma“, dass ein Christ die Heiligen verehren *müsse*, um Christ zu sein. Es ist immer nur gesagt, es sei erlaubt und heilsam, und dies besonders in bezug auf die Gottesmutter Maria, der eine besondere und vorrangige Verehrung zukomme. Das ist der entscheidende Gegeneinwand gegen das Bedenken, hier werde die alleinige Mittlerschaft Christi verdunkelt. Jesus Christus *müssen* wir anrufen, wenn wir Christen sein wollen. Die Heiligen *dürfen* wir anrufen, wie wir auch Mitchristinnen und Mitchristen auf Erden um Fürbitte bitten dürfen. Wenn wir es ganz ernst nehmen, dass wir alle zur Gemeinschaft der „Geheiligten“ gehören, dürfen wir sogar zum Beispiel unsere verstorbenen Eltern, verstorbene geliebte Mitmenschen, prägende Seelsorger usw. um Fürsprache bei Gott anrufen.

Wenn das klar ist, dann ist alles Übrige eine Frage der Form, des Stils, auch der unterschiedlichen Gemütsverfassung einzelner Christenmenschen und sogar ganzer Völker. Es gibt Christen, die es mit einer ganz scheuen Heiligenverehrung halten, und es gibt solche, die gar nicht genug davon haben können. Nicht alle müssen hier sich alles zu eigen machen, alles ist in die Freiheit der Kinder Gottes gestellt. Es zeigt sich ja auch oft, dass bestimmte Formen und Praktiken der Heiligenverehrung, besonders der Marienfrömmigkeit, in südlichen Ländern oder in Südamerika auf Christen in den „kühlen“ nördlichen Ländern genauso befremdlich wirken wie unsere Formen der Heiligenverehrung in Mittel-Europa auf evangelische Christen. Das darf so sein. Nur eines dürfen wir nicht tun: uns gegenseitig übertriebenen oder eben mangelhaften Glaubenseifer vorwerfen – wenn, wie gesagt, ganz klar ist, dass allein Christus der Grund unserer Hoffnung auf Hilfe ist.

Marienverehrung

In diesem Zusammenhang ein kurzes Wort zur Verehrung der „allerseligsten Jungfrau und Gottesmutter Maria". Ihr gilt ja mit Abstand der größte Teil aller Heiligenverehrung. Dieser gilt darum auch in besonderer Weise das geschilderte Bedenken.

Dazu müssen wir zunächst in aller Nüchternheit sagen: *Maria ist nicht Miterlöserin* – als ob ohne sie das Erlösungswerk Christi nicht vollständig oder gar kraftlos wäre. Wer das behauptet, widerspricht geradewegs der Heiligen Schrift und vertritt eine Irrlehre. Aber Maria ist in besonderer Weise in das Erlösungswerk unseres Herrn hineinverflochten. Wie denn anders, wenn der menschgewordene Sohn Gottes schließlich von einer menschlichen Mutter geboren werden musste. Dies, „Mutter Gottes", ist denn auch der älteste Titel, unter dem Maria verehrt wird – ausdrücklich bestätigt durch das Ökumenische Konzil von Ephesus im Jahre 431. Viel mehr als dies aber wissen wir von Marias Leben mit ihrem Sohn und für ihren Sohn nicht.

Nun kann man zwei Wege gehen. Der eine: Man sorgt dafür, dass alle Aussagen über Maria streng an das Christusgeheimnis gebunden bleiben und sich nicht verselbständigen. Das erreicht man nicht zuletzt dadurch, dass die Marienverehrung vor allem im Zusammenhang der Liturgie bleibt, selbst da, wo man vorsichtig schlussfolgernd auch zu Aussagen kommt, die so nicht in der Heiligen Schrift stehen. Diesen Weg ist die Ostkirche gegangen und ist uns darin bis heute ein Vorbild. Den anderen Weg ging die Westkirche, also unsere Katholische Kirche nach der Trennung von der Ostkirche im Jahre 1054. Fromme Marienverehrer zogen aus den spärlichen Aussagen der Heiligen Schrift immer neue Schlussfolgerungen. Dabei waren sie oft geleitet von einem schon sprichwörtlich gewordenen doppelten Grundsatz: „Gott konnte es, es ziemte sich, also hat er es getan." Und: „Über Maria kann man nie genug (Großes) sagen." Nach diesen Grundsätzen kann dann die Phantasie schon einmal mit dem frommen Gemüt durchgehen. Am Ende steht Maria nicht mehr *unter* Christus und in seinem Dienst, sondern selbständig *neben* Christus.

Was tun? Wieder gilt zunächst: Niemanden verketzern! Gott allein schaut in die Herzen – und er weiß gewiss das Ungute vom guten Willen und von guter Absicht zu unterscheiden. Freilich darf uns auch niemand hindern, „Übertreibung" zu nennen, was nach unserem Empfinden und unserer Einsicht wirklich übertrieben ist. Kein Katholik ist verpflichtet, all das zu glauben, was da manchmal erhitzter Phantasie entspringt. Vor allem nicht, wenn es um zweifelhafte, von der Kirche nicht anerkannte „Marienerscheinungen" geht. Vor allem aber ist Zurückhaltung da angebracht, wo bestimmte Formen der Marienfrömmigkeit das gute Verhältnis zu unseren evangelischen Mitchristinnen und Mitchristen belasten.

Gewiss müssen wir eine gesunde katholische Marienverehrung nicht so weit zurücknehmen, dass auch der letzte evangelische Christ noch verstehen und zustimmen kann. Aber die Mahnung des Zweiten Vatikanischen Konzils hat ja gute Gründe: „Die Theologen und Prediger des Gotteswortes ermahnt sie (die heilige Synode, also das Konzil) aber eindringlich, sich ebenso jeder falschen Übertreibung wie zu großer Geistesenge bei der Betrachtung der einzigartigen Würde der Gottesmutter zu enthalten. Unter der Führung des Lehramtes sollen sie in der Pflege des Studiums der Heiligen Schrift, der heiligen Väter und Kirchenlehrer und der kirchlichen Liturgien die Aufgaben und Privilegien der seligen Jungfrau recht beleuchten, *die sich immer auf Christus beziehen, den Ursprung aller Wahrheit, Heiligkeit und Frömmigkeit*. Sorgfältig sollen sie vermeiden, *was in Wort, Schrift oder Tat die getrennten Brüder (und Schwestern) oder jemand anders bezüglich der wahren Lehre der Kirche in Irrtum führen könnte*" (Konstitution über die Kirche, Artikel 67, Hervorhebungen von OHP).

All dies, auch noch die Worte des Konzils, mag diesem oder jener allzu vorsichtig, ja kritisch klingen. Aber den Mut dazu dürfen wir haben, weil wir aus den nur spärlichen Aussagen der Heiligen Schrift über Maria eines mit Sicherheit wissen: Ihr ist keine Glaubenserprobung erspart geblieben. Wenn man die Berichte der Evangelien liest, wo Maria an der Spitze der anderen Verwandten Jesu ihrem Sohn begegnet, und wo Jesus darauf hinweist, Mutter, Bruder oder Schwester sei ihm, wer das Wort Gottes höre und es befolge (siehe Mt 12, 46-50; Mk 3,31-35; Lk 8,19-21; auch Joh 2,3-5), dann weiß man aufs erste Lesen nicht, ob Jesu Reaktion eine Anerkennung seiner Mutter oder eine Kritik sein sollte. Nicht mit Sicherheit wissen wir, ob Maria bei der Hinrichtung ihres Sohnes zugegen war. Unwahrscheinlich ist es nicht. Ihre Gefühle sind aber auch so unschwer nachzuempfinden. Aus der Apostelgeschichte wissen wir, dass die Apostel Wert darauf legten, in Kontakt mit Jesu Mutter zu bleiben (siehe Apg 1,14).

So wurde Maria die erste Glaubende. Und damit das Urbild der Kirche in ihrem Glauben an den gekreuzigten und auferweckten Herrn. Das genau ist der Sinn der Szene, die Johannes gestaltet hat (Joh 19,25-27): Maria unter dem Kreuz – wahrscheinlich so nicht geschehen, denn Frauen durften bei Hinrichtungen nur von ferne zusehen (siehe Mk 15,40). Darin, in ihrem Glauben, Maria zu ehren und es ihr nachzutun – das ist allemal die wichtigste und beste Marienverehrung. Und so ist sie allemal unstrittig unter den Christen der getrennten Kirchen.

Zuweilen hört man von evangelischen Frauen die Klage, durch die Ausschaltung jeder Marienverehrung sei die evangelische Christenheit erst so richtig eine „Männerkirche" geworden. Da seien die Katholiken mit ihrer Marienfrömmigkeit in einer besseren Lage. Aber dabei geht wieder einmal einiges durcheinander. Das Reich Gottes, in das der Mann Jesus – so war es nun einmal – uns einlädt, ist für alle da, ohne Ansehen des Geschlechtes. Maria ist nicht Miterlöserin für die eine Hälfte der Menschheit. Und doch: Es wird für immer ein Vorzug der katholischen Frömmigkeit bleiben, dass sie dies ernster als andere genommen hat: Gott wollte nicht in diese Welt zu uns Menschen kommen ohne den in Freiheit übernommenen Dienst einer jungen Frau, die die Mutter dieses einzigartigen Menschen wurde, zu dem als dem Sohne Gottes wir uns bekennen. Und die mehr als wir alle durch alle Tiefen des Nicht-Verstehen-Könnens und der Glaubenserprobung hindurch uns zur Mutter im Glauben geworden ist, wie Abraham unser Vater im Glauben (siehe Röm 4,17).

„Heroische Tugend"?

Also gar nichts mehr von „Heldentum der Tugend"? Nur noch allgemeine Aussagen über unsere Zugehörigkeit zu Christus in der „Gemeinschaft der Heiligen" ohne Unterschied? Nein, das auch wieder nicht – und unsere letzten Überlegungen zur Marienverehrung weisen uns den Weg. Wenn „Heiligkeit", wie zu Beginn gesagt, wesentlich darin besteht, dass es uns geschenkt ist, zu Christus zu gehören und an ihn glauben zu können, dann besteht die sogenannte „heroische Tugend" darin, diesen Glauben durchzuhalten, ihn im Leben zu bewähren, bei Christus zu bleiben. Von denen, die das durch alle Jahrhunderte und überall auf der Erde vorbildlich getan haben, hat die Kirche *einige* Frauen und Männer uns als „Heilige" in besonderer Weise vor Augen gestellt. Verständlicherweise solche, die durch den besonderen Weg ihres Christseins einem größeren Kreis von Menschen überhaupt bekannt wurden und damit als Vorbild wirken konnten. Den unbekannten ernsten Christen kann man nicht wirksam als Vorbild hinstellen. Wenn die Kirche solche Heiligen zu verehren empfiehlt, dann sagt sie etwas über ihren Glauben aus: Ja, zu solch einem Leben gibt der Glaube die Kraft!

Zugleich, und das sollten wir nicht übersehen, stellt die Kirche sich damit selbst unter einen hohen Maßstab: So sollten die Glaubenden sein, aus solchen Menschen sollte die Kirche bestehen! Es liegt nicht am Glauben der Kirche, wenn sie diesem Maßstab nicht gerecht wird, es liegt an ihr selbst, an der Erbärmlichkeit und Mittelmäßigkeit ihrer Glieder. Neben dem Evangelium, das sie jeden Sonntag und an vielen Werktagen öffentlich verliest, ist die Liste ihrer Heiligen die Anklageschrift gegen sich selbst, die die Kirche beständig mit sich herumträgt. Das bleibt auch dann richtig, wenn gelegentlich mit einer Heiligsprechung auch „Kirchenpolitik" gemacht wird oder wenn aus anderen Gründen eine Heiligsprechung nicht überzeugen will.

Nun sollten Katholiken wissen: Gegen einen *solchen* Sinn der Heiligenverehrung haben die Reformatoren nie Einwände gehabt. Sie haben sogar ausdrücklich gesagt: Nichts gegen das Vorbild eines beispielhaften Lebens aus dem Glauben! In diesem Sinne auch nichts gegen eine bewundernde Verehrung! Skeptisch blieben sie nur dagegen, dass man zu ihnen betete – denn unter den damaligen Verhältnissen war es dann nur ein kleiner Schritt bis dahin, die Heiligen in die Rolle zu heben, die allein Christus zusteht, nämlich beim Vater für uns einzutreten. So ist denn die Heiligen*verehrung* in der evangelischen Kirche ausgestorben. Nicht aber die Heiligen*bewunderung*. Zahllose evangelische Kirchen sind nach großen evangelischen Christen benannt. Man könnte eine lange Liste großer evangelischer Christinnen und Christen aufstellen, Blutzeugen für Christus eingeschlossen, die, wären sie katholisch gewesen, längst heiliggesprochen wären. Die evangelische Christenheit ist mit Recht stolz auf sie. Man denke im 20. Jahrhundert nur an einen Mann wie den von den Nazis ermordeten Theologen und Pfarrer Dietrich Bonhoeffer.

Werden, was wir sind

Und nun ohne Umschweife: Was hier in der katholischen wie in der evangelischen Kirche in außergewöhnlicher, öffentlich bekannter Weise geschah, soll und kann auch dort geschehen, wo es keiner oder nur wenige sehen:

in jedem christlich gelebten Alltag. Wir alle *sind* „Heilige“. Heilig werden heißt darum zunächst: Werden was wir sind. Darum ist das erste: Dank sagen – für den Glauben, für die Kirche, für die Erkenntnis Christi, für alle Hilfe auf dem Weg zum Glauben und im Glauben, die wir empfangen haben.

Daraus folgt: als „berufene Heilige“ zu leben. Als Christinnen und Christen stehen wir auch in unserem vielleicht nur kleinen Umfeld immer auf dem Präsentierteller. Unsere Mitmenschen identifizieren uns und unser Leben mit dem Glauben und mit der Kirche. Das ist um so wichtiger, je mehr unsere Umwelt sich auch in den ehemals „christlichen“ Ländern vom christlichen Glauben entfernt. Wenn von unserem Glauben nichts in unser Leben ausstrahlt, machen wir die großen Worte von den „berufenen Heiligen“ zur lächerlichen Lüge.

Die Antwort auf den Ruf, zu „werden was wir sind“, hat kein Maß. Das ist tatsächlich der harte Kern des Stichwortes von der „heroischen Tugend“. Jeder Christenmensch muss mit der Möglichkeit rechnen, dass Gott ihn oder sie einen Weg führt, wo andere urteilen: Du bist verrückt, du übertreibst. Der Normalfall ist es nicht. Aber deshalb ist unser Christenleben doch weit mehr als nur das bequeme Ideal einer mittelmäßigen Erfüllung einiger bürgerlicher Pflichten. Wir können die Ernsthaftigkeit unserer Antwort auf Gottes Ruf zur Heiligkeit testen durch Fragen, die mit den Worten beginnen: „Welchen Grund habe ich…?“ Ja, welchen Grund habe ich,

- den ersten Schritt zur Versöhnung zu tun?
- zu helfen, wo zuerst einmal andere Leute zuständig sind?
- ein fröhliches Gesicht zu zeigen, wo alle anderen Leute wissen, dass ich sehr müde bin?

- nachzugeben, wo ich im Recht bin?
- mit einem materiellen Opfer zu helfen, wo andere das viel leichter tun könnten?
- etwas Zeit für das Gebet zu reservieren über die gewohnten „täglichen Gebete“ am Morgen, am Abend und zu den Mahlzeiten hinaus?
- selbst in der Heiligen Schrift zu lesen, obwohl der Pfarrer jeden Sonntag darüber predigt?
- auf etwas zu verzichten, obwohl nichts und niemand mich dazu zwingt?
- mich irgendwo einzusetzen, obwohl ich rechtmäßig meine Ruhe beanspruchen könnte?
- meine Phantasie anzustrengen, Gelegenheiten zum Gutes-Tun zu entdecken, wo ich doch alles, was notwendig ist, in entsprechenden Büchern nachlesen kann?

Nein, wir haben dazu keinen „Grund“ – ausgenommen die unbegreifliche rufende, „heiligende“ Liebe Gottes.

Unmerklich – nein, sehr schnell – sind wir von der Heiligen*verehrung* zum Heilig*sein* im Alltag geführt worden. Gottlob gibt es solche Heiligkeit *auch* – millionenfach. Papst Johannes Paul II. hat während seiner Amtszeit mehr Christinnen und Christen selig- und heiliggesprochen als sämtliche Päpste vor ihm zusammen. Man hat ihn dafür oft kritisiert: Er bringe die Heiligsprechungen in eine verhängnisvolle Inflation. Mag sein! Aber eines macht der Papst dadurch doch deutlich, und ich denke: mit voller Absicht: Es gibt unendlich viel mehr Heilige, als wir denken – und viel mehr als wir je „verehren“ können. Das kann einen verengten Begriff von „Heiligkeit“ aufsprengen – wieder hin zu den Ursprüngen, wo *all*e Christenmenschen aufgrund ihres Glaubens „Heilige“ sind.

Und für die Millionen „unbekannte Heilige“ haben wir das Fest „Allerheiligen“ am 1.November – das übrigens auch in der lutherischen Kirche gefeiert wird. „Allerheiligen“ ist sozusagen Gottes Erntedankfest. Wir feiern, dass Christi Werk nicht ein ohnmächtiger Versuch geblieben ist, sondern vielfältige Frucht getragen hat, dreißigfache, sechzigfache… millionenfache (siehe Mk 4,8). Sollten wir nicht dazugehören?

20. Kapitel

Wie sollen wir es mit den anderen Religionen halten?

Was vor wenigen Jahrzehnten in Europa noch unvorstellbar war, ist heute Alltag: die Begegnung mit Bekennern nicht-christlicher Religionen – in der eigenen Stadt, in der Nachbarschaft, im selben Haus. Früher mussten Christen nur ganz allgemein wissen, dass es diese Religionen gibt; dass Gott auch die Menschen, die sich zu ihnen bekennen, liebt und zum ewigen Leben berufen hat, und zwar am besten so, dass sie den christlichen Glauben annehmen und sich taufen lassen. Genaueres mussten nur diejenigen wissen, die direkt mit ihnen in ihren eigenen Ländern zu tun bekamen: die Missionare in den „Missionsländern" – und, nicht zu vergessen, die Kaufleute auf den internationalen Handelswegen wie zum Beispiel der „Seidenstraße" von China nach Westeuropa. Heute dagegen bekommen die Kirchtürme in unseren Städten nicht nur Konkurrenz durch die immer zahlreicheren und wesentlich höheren Hochhäuser, sondern auch immer häufiger durch die schlanken Minarette von Moscheen.

Nun ist es nicht nur unmöglich, sondern wäre auch taktlos, die anderen Religionen mit wenigen Sätzen zu beschreiben. Aber einige wenige Hinweise sind nötig, wie wir, die wir beim christlichen Glauben bleiben wollen, uns gegenüber den Angehörigen anderer Religionen verhalten und an welche Wahrheit unseres Glaubens wir uns in der Begegnung jeweils erinnern sollten.

Die Buddhisten

Der Buddhismus ist heute die in Europa am meisten bekannte der asiatischen Religionen. Sie geht zurück auf einen Mann namens Siddharta, der im hohen Alter von 80 Jahren um 370 v. Chr. gestorben ist. Der Buddhismus ist also älter als das Christentum. Er gliedert sich heute und seit langem auf in eine Anzahl von „Konfessionen", sozusagen, je nach dem Land, wo er sich ausgebreitet hat: Indien (wo er entstanden ist), China, Japan, Tibet. „Buddha" ist übrigens kein Name, sondern ein Titel und bedeutet „Der Erleuchtete". Wir sollten also immer „Der Buddha" sagen und nicht einfach „Buddha". Die Buddhisten verehren den Buddha Siddharta, aber nicht als Gott. Womit wir bei unserem ersten Hinweis sind.

Die Buddhisten glauben nicht an einen persönlichen Gott, den man anreden, zu dem man beten kann. Das heißt aber nicht, dass sie nicht an eine göttliche Wirklichkeit glauben. Doch diese hat keinen Namen, ist unfassbar. Wir Menschen stehen und bleiben ihr nicht gegenüber, sondern sollen irgendwie eins mit ihr werden auf dem Weg einer „Erleuchtung". Wenn wir also mit Buddhisten über unseren Glauben reden, dürfen wir uns ruhig einmal fragen, ob wir von Gott auch immer so reden, dass seine Unbegreiflichkeit deutlich bleibt. Weil wir an einen persönlichen Gott glauben und weil dieser Gott in Jesus Christus sogar Menschenantlitz trägt, sind wir immer in der Gefahr, uns Gott allzu menschlich vorzustellen, manchmal zu harmlos (der alte Mann mit dem Bart), manchmal empörend falsch (Gott als Kriegsherr, oder als willkürlich waltender Herrscher in Himmelshöhen). Da können uns Buddhisten heilsam daran erinnern, dass Gottes Geheimnis mit keinem Namen zu erfassen ist und auch unsere richtigen Bilder und Vorstellungen von Gott nur richtig bleiben, wenn wir sie zugleich immer wieder gleichsam durchstreichen und uns sagen: Nein, doch noch ganz anders.

Ein zweiter Hinweis betrifft die Praxis. Damit ist der Buddhismus bei uns viel gegenwärtiger als mit seiner Lehre. Auch zahllose Christen nehmen regelmäßig an Yoga-Kursen teil und machen die entsprechenden Übungen. Sie versuchen dabei, Abstand von der Hektik des Alltags zu gewinnen, sich loszulassen, Abhängigkeiten aufzulösen, in ihre innere Mitte zurückzufinden. Und wenn die Yoga-Lehrer und -Lehrerinnen dabei auch etwas von buddhistischer Lehre zu vermitteln suchen, zum Beispiel von der gotterfüllten Wirklichkeit des Kosmos, so verstehen Christenmenschen sich leicht darauf, das in ihren Schöpfungsglauben umzuschmelzen. Nichts spricht also dagegen, solche Übungspraxis auch im Christenleben anzuwenden. Zumal die Kombination von leichter Gymnastik und Atemtechnik auch körperlich wohltut.

Kritisch wird ein Christ dann werden, wenn auf diesem Wege das Leid überwunden werden soll. Wie man es auch dreht und wendet: Ein Buddhist ist überzeugt, dass alles Leid nur wesenloser Schein ist, hervorgerufen durch nicht überwundene Gier. Gelingt es, diese Gier durch Übung zu besiegen, dann verschwindet mit ihr auch das Leid: Was davon als Tatbestand bleibt, spüre ich nicht mehr, der Weg zur vollkommenen Loslösung von mir selbst und damit zur Vollkommenheit meines Menschseins ist frei. Auch angesichts schwersten Leidens, zum Beispiel des Verlustes von Hab und Gut und lieber

Menschen durch die Katastrophe eines Erdbebens, bleibt der Buddhist dabei: Die Leiderfahrung kann durch Übung überwunden werden. Hier dürfen wir Christen uns sagen: Wir sind die größeren Realisten! Das Leid ist nicht Schein, sondern Wirklichkeit. Gemessen an unserem Glauben an den menschenfreundlichen Gott wird das Leiden immer ein Rätsel bleiben (siehe 1. Kapitel). Doch, „Gott sei Dank!", müssen wir es nicht wegtrainieren, sondern dürfen es stehen lassen in der Hoffnung, dass Gott selbst es am Ende lösen und alle Tränen abwischen wird.

Bleibt die für den Buddhismus typische Lehre von der Seelenwanderung, also die Überzeugung, dass ich nach dem Tode in einem neuen Leben noch einmal und womöglich mehrmals eine Chance bekomme, weiter an der vollkommenen Loslösung von mir selbst zu arbeiten, die im vorigen Leben stecken geblieben ist. Nun mag man sogar in größtmöglicher Freiheitlichkeit urteilen: Dazu sagt die Offenbarung Gottes nichts; wir können einfach das Für und Wider prüfen und uns dann entscheiden. Eines aber sagt die Offenbarung ganz eindeutig: Jeder Mensch ist einmalig und von Gott bei seinem Namen gerufen. Sollte es so etwas wie Seelenwanderung geben, dann bezieht sich dieser Name eben auf die ganze Serie meiner Existenzen – die ist dann einmalig. Aber es spricht aus der Sicht unseres Glaubens doch mehr gegen als für eine sogenannte „Reinkarnation".

Vor allem wenn wir noch zweierlei beachten: Die Lehre von der „Seelenwanderung" stellt das Gelingen meines Lebens vor Gott – vor dem Göttlichen – wiederum auf den Erfolg meines Übens. Wollen wir uns womöglich nichts schenken lassen, sondern alles uns selbst verdanken? Das wäre wirklich unvereinbar mit unserem

Glauben an die schenkende Liebe Gottes, der wir alles verdanken. Und das andere: Die Faszination, die vom Gedanken der Seelenwanderung ausgeht, beschränkt sich auf die Art, wie bei uns im Westen der Buddhismus aufgenommen wurde und wird. Der wahre Buddhist in Asien findet die Seelenwanderung gar nicht faszinierend. Er ersehnt vielmehr nichts dringender als endlich aus diesem Prozess herauszufinden in den endgültigen Zustand der Einheit mit dem Göttlichen. Denn, so belehren uns die Fachleute, wirklicher Buddhismus ist ein höchst anstrengender Lebensweg. Nicht umsonst ist er ursprünglich die Lebensform einer Mönchsgemeinde. Wir sollten den Buddhisten die Ehre antun, ihre Religion nicht herunterzustufen auf das, was man schon „Wellness-Buddhismus" zu nennen pflegt: mit ein wenig Yoga, Tiefenentspannung, Meditation in bequemer Haltung und All-Einheits-Gefühlen.

Die Muslime

Während die Buddhisten bei uns hauptsächlich durch europäische „Konvertiten" gegenwärtig sind, sind es die Muslime hauptsächlich durch Zugewanderte aus mehrheitlich muslimischen Ländern. Es gibt zwar schon europäische „Konvertiten" zum Islam, aber es sind vergleichsweise wenige, meist im Zusammenhang mit Eheschließungen. Das macht die Begegnung schwieriger – wegen der kulturellen Unterschiede. Daher zwei Dinge vorab:

Wir sollten immer korrekt „Muslime" sagen, nie „Mohammedaner". Denn die Muslime verstehen sich als Anbeter Gottes – „Islam" heißt „Hingabe" –, Mohammed ist Gottes entscheidender, letzter Prophet, nicht weniger, aber auch nicht mehr.

Und das andere: Trotz aller schrecklichen Erfahrungen in unseren Tagen sollte klar sein und bleiben: Islam ist nicht gleich Terrorismus. Alle Fachleute belehren uns: Wahllose Tötung Unschuldiger, Selbstmordattentate, gewaltsame Erzwingung des Glaubens ist nicht nur im Koran nicht vorgesehen, sondern ausdrücklich untersagt. Wir dürfen auch nicht sagen: Der Islam ist von Anfang an mit Gewalt verbreitet worden, und eine Religion, die zu solchen Konsequenzen führt, kann keinen Anspruch auf Achtung und Toleranz erheben. Denn dann müssten wir erst einmal dasselbe auch über unseren christlichen Glauben sagen. Die christliche Kirche hat in der Geschichte alle Sünden begangen, die wir heute gewaltbereiten Anhängern des Islam vorwerfen. Sobald sie die Macht dazu hatte, hat die Kirche das Kreuz – ausgerechnet das Kreuz! – zum Sieges- und Triumphzeichen gemacht und ist mit ihm auch vor gewaltsamer Bekehrung unterworfener Völker nicht zurückgeschreckt: bei den Germanen, bei den Kreuzzügen – bis heute eine belastende Erinnerung in der arabischen Welt –, später bei den Muslimen in Spanien, bei den Indianern in Südamerika, indirekt auch in den ehemaligen Kolonialländern.

Immerhin, wir haben, spät genug, unsere Lektion gelernt und wissen: Das Christentum ist die Religion der Freiheit. Niemand darf zum Glauben gezwungen werden, niemand darf gehindert werden, den Glauben in Freiheit auch wieder aufzugeben oder einen anderen Glauben anzunehmen. Gott will nur einen Glauben aus der freien Hingabe des Herzens. Wenn die Muslime ihren Glauben an Allah genauso als Befreiung verstehen, dann dürfen wir von ihnen erwarten, dass sie in aller Form und Deutlichkeit sich vom Terror distanzieren und uns erklären, dass solches mit dem Koran nichts zu schaffen hat.

Wenn das klar ist, dann dürfen wir uns auch vom Islam einiges fragen lassen. Es ist immer wieder beeindruckend zu sehen, wie fromme Muslime sich in allem mit dem Willen Gottes einverstanden erklären, selbst bei schwersten Katastrophen. „Allah hat es so gewollt", hören wir oft von einfachen Leuten nach einem schweren Erdbeben in der Türkei, im Iran. So haben die Christen in früheren Jahrhunderten bei Naturkatastrophen auch gedacht und geredet – bis die Fortschritte der Wissenschaft und Technik es uns erlaubten, viele Katastrophen wenn schon nicht zu verhindern, so doch zu mildern. Aber auch Muslime fühlen sich durch ihren Gottesglauben nicht gehindert, die Verantwortlichen anzuklagen, wenn sie aus schnöder Gewinnsucht zum Beispiel in Erdbebengebieten Häuser nicht so gebaut haben, wie es der Stand der Technik zum Schutz vor Erdbeben schon ermöglicht hätte. Nein, auch Muslime schieben nicht eine Verantwortung auf Gott ab, die sie selber tragen müssen.

Ein anderer beeindruckender Zug des Islam ist der unbedingte Glaube an ein Leben im Jenseits, und das bleibt auch dann beeindruckend, wenn man gelegentlich von seltsamen Vorstellungen über dieses Leben im „Paradies" hört, die ohnehin meist auf Missverständnissen beruhen. Denn dieser energische Jenseitsglaube widerlegt den auch gegen die christliche Jenseitshoffnung gern vorgetragenen Verdacht, solcher Glaube lenke die Aufmerksamkeit von den Aufgaben in dieser Welt ab. Nein, Christentum und Islam kommen darin überein, dass gerade der kraftvolle Glaube an das ewige Leben bei Gott zu den größten Kulturleistungen auf dieser Erde befähigt hat.

Wo werden wir nachdenklich werden müssen? Eigentlich nur da, wo wir sagen müssen, sagen dürfen: Gott ist in seiner Liebe zu uns Menschen nicht als allmächtiger Herrscher im Himmel geblieben, um uns von dort her beizustehen – schon das ist ja unglaublich genug! –, er ist in Jesus Christus in unsere Welt eingetreten, um mit uns alles Menschenschicksal zu teilen bis zum gewaltsamen Tod. Auch die Muslime verehren Abraham als Vater im Glauben, sie verehren Jesus als Propheten – und Mohammed als den letzten, alle anderen überbietenden der Propheten. Aber in Jesus ist Gott nicht auf dieser Erde gegenwärtig. Gott ist ganz anders als seine Geschöpfe und kann in keiner Weise eine Verbindung mit einem Geschöpf, auch nicht mit dem edelsten Menschen eingehen. Anderseits sind die Muslime der Überzeugung, nicht Jesus, sondern jemand anders sei am Kreuz gestorben, da liege eine Verwechslung vor. Denn Jesus ist Gottes Prophet, und Gott rettet seinen Propheten aus der Hand seiner Feinde und entrückt ihn zu sich. Was uns Christen das Kostbarste ist, ziemt sich nach muslimischem Glauben nicht für Gott im Verhältnis zu seinem Propheten. Hier ist die Grenze, wo wir uns von der Inbrunst muslimischen Gottesglaubens nicht beeindrucken lassen müssen.

Ein Sonderproblem, das so bei den Buddhisten nicht auftaucht, ist die Frage, wieviel Anpassung an unsere Rechtsordnung und Lebensart wir im Konfliktfall von den Muslimen erwarten und fordern dürfen. Niemand wird Einspruch dagegen erheben müssen, wenn sie den Freitag statt des Sonntags als wöchentlichen Feier- und Gottesdiensttag halten; wenn sie den Fastenmonat befolgen und ihre täglichen Gebetszeiten praktizieren. Problematisch wird es, wenn sie Dinge tun zu müssen meinen, die mit unserer freiheitlichen Ordnung unvereinbar sind: die Rechte der Frauen einschränken, Mädchen in der Pubertät nicht mehr aus dem Haus gehen lassen, Kinder hindern, die deutsche Sprache zu lernen, gar in ihren Gottesdiensten zu Gewalttaten aufrufen, ferngesteuerte und fernfinanzierte Gruppen bilden, die das Ziel verfolgen, die Möglichkeiten unserer gesellschaftlichen Ordnung auszunutzen, um sie zu unterlaufen oder gar mit Gewalt zu ändern. Keine Religion kann bei uns toleriert werden, die beispielsweise sagen würde: Die Tötung der Ungläubigen gehört zu meiner Religion. Oder: Die Frau ist Eigentum des Mannes, der von ihr absoluten Gehorsam verlangen kann. Dass es anders geht, beweist das Beispiel der USA, wo sich die amerikanischen Muslime problemlos dem dortigen Verständnis von Religionsfreiheit einfügen. Gerade wenn wir den wirklichen Islam ehren wollen, müssen wir solche Verirrungen nicht gutheißen und können auch staatlichen Gegenmaßnahmen zustimmen.

Die Juden

Die Juden, die Bekenner des Glaubens Israels, sind für uns Christen keine „andere" Religion. Die Bibel Israels ist auch das Buch der Kirche – mit Ausnahme des wenigen, wo Jesus Korrekturen vorgenommen hat, zum Beispiel bei der Frage der Ehescheidung. Für drei Jahrhunderte war die Bibel Israels einfach „die Schrift". Erst seitdem man die verbindlichen Zeugnisse der apostolischen Überlieferung „das Neue Testament" nannte – in Anknüpfung an den „neuen Bund", von dem schon der Prophet Jeremias gesprochen hatte (Jer 31) – nannte man die Bibel Israels „das Alte Testament".

Und darum müssen wir hier nicht viele Worte machen. Wenn das Judentum – auch in seiner Vielfalt, die unseren Konfessionsunterschieden ähnelt – uns als fremde Religion erscheint, dann wegen der namenlosen Schuldgeschichte der Christenheit seit der Trennung von der Synagoge. Indirekt hat diese eine ihrer Wurzeln im Neuen Testament selbst. Kein Zweifel, in einigen Schriften, besonders im Matthäus-Evangelium, gibt es antijüdische oder genauer: antipharisäische Töne. Das ist aber weniger Ausdruck eines Ressentiments oder des Hasses als vielmehr das Echo der tiefen Verstörung der Christen darüber, dass Israel sich als Ganzes nicht zum Messias Jesus bekennen wollte. Zudem haben die Evangelien außer Markus schon den Fall Jerusalems durch die Römer im Jahre 70 vor Augen und verstehen das als Gericht Gottes über Israel. Das sehen wir heute nicht mehr so. Wir können die Gerichte Gottes nicht mit unseren menschlichen Maßstäben als solche in der Geschichte identifizieren. Aber selbst wenn (zum Beispiel) Matthäus Recht hätte, wäre die Formel „Die Kirche ist das neue Israel" immer noch falsch. Richtig ist zu sagen: „Die Kirche ist das erneuerte Israel aus Juden und Heiden". So sieht es auch der Apostel Paulus (Röm 9-11).

Nie also hätte im Namen des Neuen Testamentes – und das heißt: im Namen des Juden Jesus! – jene feindselige Ausgrenzung und Unterdrückung der Juden stattfinden dürfen, die die Geschichte der christlichen Kirchen durchzieht bis hin zum Vorwurf des „Gottesmordes" und an der auch die wenigen Lichtpunkte eines gelegentlichen christlich-jüdischen Gesprächs, das es tatsächlich gegeben hat, nichts ändern. Erst im Zuge der Aufklärung des 18. und 19. Jahrhunderts wurden die gesellschaftlichen Einschränkungen für die Juden nach und nach in den europäischen Staaten aufgehoben, vor allem die Einschränkungen der Berufsfreiheit. Es bedurfte aber erst der furchtbaren antisemitischen Verbrechen des 20. Jahrhunderts, ehe die Christen den *theologischen* Irrweg dieser Ausgrenzung einsahen. Der Höhepunkt dieser wahrhaften Bekehrung der Christenheit ist dann die Erklärung des Zweiten Vatikanischen Konzils über das „Verhältnis der Kirche zu den nicht-christlichen Religionen", in der das Verhältnis zum Judentum den größten Raum einnimmt und in der der Vorwurf des Gottesmordes in aller Form zurückgewiesen wird. Seitdem ist allen Christen klar, dass, mit einem schönen Wort Papst Johannes Pauls II., die Juden „unsere älteren Geschwister im Glauben" sind.

Wenn daraufhin gelegentlich gesagt wird, unter Juden solle die Kirche nicht missionieren, so ist das richtig, sofern damit gesagt sein soll: Für den Augenblick wäre es perfekt taktlos, aktiv auf eine Bekehrung der Juden hinzuwirken. Es ist falsch, wenn damit gesagt sein sollte: Juden gegenüber dürften wir uns nicht mehr zu Jesus als dem Messias bekennen. Wenn Juden uns fragen, was wir von Jesus halten, können wir ihnen nicht ersparen zu sagen: Er ist Christus, Gottes Sohn. Aber das wissen sie ja auch. Und darum bleibt das christlich-jüdische Gespräch, so schwierig es manchmal ist, dennoch sinnvoll. Denn auch im Namen Jesu glauben wir an keinen anderen Gott als Israel und können uns daher fruchtbar austauschen, was dieser Gott uns gebietet und verheißt.

Der eine Gott und die verschiedenen Gottesbilder

Zuweilen hört man, vor allem bei der Auseinandersetzung mit dem Islam, die Redewendung: „Die (die Muslime) glauben an einen anderen Gott." So zu reden ist ganz falsch. Denn das setzt ja zumindest als *Möglichkeit* voraus, dass es auch noch einen anderen Gott als den unseres Glaubens geben könne. Das ist kompletter Unsinn. Es gibt nur den einen Gott. Aber die verschiedenen Religionen, das ist gewiss deutlich geworden, haben verschiedene Bilder vom Wesen und Handeln dieses Gottes und pflegen darum verschiedene Formen, ihn anzubeten. Darum darf und muss man streiten.

Dieser Gedanke von dem einen Gott in der Verschiedenheit der Gottesbilder und Gottesdienste ist gelegentlich auch in der christlichen Theologie schon einmal aufgetaucht. Genau zu der Zeit, als 1453 die Türken vor Konstantinopel standen und es schließlich erobert hatten; als die Gefahr bestand, dass der Islam mit Waffengewalt noch weiter in Europa verbreitet werden sollte, da schrieb der deutsche Theologe und Kardinal Nikolaus von Kues ein Buch mit dem Titel: „Über den Glaubensfrieden" *(De Pace fidei)*. Die Grundthese lautet: Eine Religion in der Verschiedenheit der Riten, also der Formen der Gottesverehrung! Heute erweist sich dieser Gedanke als fruchtbare Herausforderung. Nicht so, als könnten wir zu allem Anfang erklären: Alle Religionen sind gleich und auf gleichberechtigte Weise Heilswege. Die Entscheidung über Vereinbarheit und Unvereinbarkeit fällt immer an den Einzelheiten. Aber nachdem das Zweite Vatikanische Konzil ausdrücklich erklärt hat: Wer schuldlos Jesus Christus nicht kennt, aber seinem Gewissen folgt, erlangt das Heil aus Gnade auf Wegen, die Gott allein kennt (Konstitution über die Kirche, Artikel 17), brauchen wir keine Scheu vor dem Gedanken zu haben: Es gibt Wege, bei dem Gott Jesu anzukommen, ohne den Namen Jesu zu kennen. Freilich, der Maßstab, das zu beurteilen, ist eben Jesus – und nicht ein vorneweg gefälltes Urteil: Alle Religionen sind gleich.

Weil wir somit wissen: Für das Heil aller, die gewissenhaft leben, ist von Gott gesorgt, auch wenn sie nicht auf den Namen des dreieinigen Gottes getauft sind, deshalb kann jetzt die *objektive* Diskussion um die Gottesbilder entspannt beginnen. Sie ist des Schweißes aller dafür Begabten und Interessierten wert. Zumal wir dafür einen nicht zu überbietenden Maßstab haben, nämlich den Satz des Apostels Paulus: „Ich aber will mich rühmen im Kreuz unseres Herrn Jesus Christus" (Gal 6). Wir Christen dürfen fragen: Welche Religion geht so weit, Gott als „Ruhmestitel" zuzutrauen, dass er seine Sache in der Welt, die Verkündigung seines nahegekommenen Reiches, im gewaltsamen Tod seines Sohnes öffentlich scheitern lässt, um in alle Abgründe des Menschseins mit uns einzutreten? Wo ein Gottesbild diesem Ruhmestitel standhält, da ist der Weg zum Reiche Gottes nicht mehr weit, welcher Religion ein Mensch auch immer angehören mag.

21. Kapitel

Muss man jeden Tag beten?

Von Kindesbeinen an haben wir gelernt, die „täglichen Gebete" zu halten. Wenn wir beichten, fragt uns auch heute noch der „Beichtspiegel" im Gebetbuch in irgendeiner Form, ob wir die „täglichen Gebete" unterlassen oder nur nachlässig gehalten haben. Anderseits machen wir immer wieder die Erfahrung, dass diese täglichen Gebete seltsam schwer fallen. Muss man wirklich jeden Tag beten?

Die „täglichen Gebete"

Unter den „täglichen Gebeten" verstehen wir Morgen- und Abendgebet und das Tischgebet. Das ist zweifellos eine gute Sitte und man sollte sie nicht aufgeben, wenn man keinen Grund dazu hat. Aber es ist kein Gebot Gottes, Morgen-, Abend- und Tischgebet zu halten. Man darf es daher auch nicht einfach eine Sünde nennen, wenn man es nicht halten kann und nicht hält. Vielmehr ist es gut, einmal zu fragen, woran es denn liegt, dass diese an sich gute Sitte des „täglichen Gebetes" heute so schwer fällt.

Bei näherem Zusehen zeigt sich ein ganz einfacher Grund: Morgen- und Abendgebet waren so lange selbstverständlich für einen gläubigen Christen, solange die Arbeit sich nach dem einfachen Rhythmus von Tag und Nacht richtete. Man stand gemeinsam auf und begann den Tag mit einem Gebet. Man beschloss ihn mit einem Gebet, bevor man gemeinsam zur Ruhe ging. Und man betete, wenn man gemeinsam zum Essen zusammenkam. Übrigens hat bei dieser Sitte auch das Leben im Kloster Pate gestanden. Nun ist uns heute und seit langem dieser einfache Arbeitsrhythmus sehr durcheinandergeraten. Wie soll man denn ein gutes Morgengebet sprechen, wenn es morgens in einem modernen Haushalt wie in einem Bienenhaus zugeht und einer nach dem anderen zur Arbeit aus dem Hause muss? Wie soll man regelmäßig ein Tischgebet sprechen, wenn man nur selten zusammen isst? Wie soll ein gutes Abendgebet gelingen, wenn man abends mit Recht sich von der Arbeit erholen, sich zerstreuen, zum Beispiel ins Kino gehen, fernsehen oder sich mit Freunden treffen möchte?

Glaube und Gebet

Nun ist die Frage des täglichen Betens damit keineswegs erledigt. Es ist für Christen ganz selbstverständlich, dass sie beten. Und zwar ganz einfach deswegen, weil sie glauben. Denn der Glaube ist die Gemeinschaft des Menschen mit Gott. Wenn man diesen Glauben auszudrücken versucht, wird man immer „Du“ und „Ich“ und „Wir“ sagen. So mit Gott und nicht nur über Gott zu sprechen, nennen wir „beten“. Das einfachste und zugleich das wichtigste Gebet, das alle anderen Gebete zusammenfasst, lautet: „Ich glaube an dich“. Der Glaube selbst ist Gebet, sobald er in Worte gefasst wird.

Wenn wir also fragen: muss man jeden Tag beten, so kommt das auf die andere Frage hinaus: Ist es gut, jeden Tag seinen Glauben in Worte zu fassen, wenigstens in ganz einfacher Form? Die Antwort auf diese Frage ist sicher ein eindeutiges Ja – auch wenn wir keine schematischen starren Regeln aufstellen wollen. Am Besten knüpfen wir an das an, was wir über die Sonntagsmesse gesagt haben. Wer arbeitet, braucht nicht nur einmal in der Woche seinen freien Tag, er braucht auch seine tägliche Freizeit. So braucht auch der Glaube, der sich ständig im Leben bewähren muss, nicht nur die „große Pause“ am Sonntag, er braucht täglich die „kleine Freizeit“, wo er innehält und einmal ganz ohne Probleme bei Gott sein darf. Darum genau geht es im täglichen Gebet. Und deshalb müssen wir dafür eine Form finden, die der Bedeutung des täglichen Gebetes gerecht wird. Wenn Morgen- und Abendgebet Schwierigkeiten machen, über die wir nicht Herr sind, welche Form kann man sonst versuchen?

Neue Formen

Zunächst: Es ist wohl nicht nötig, Morgen- und Abendgebet ganz abzuschaffen. Ein Kreuzzeichen, ein „Ehre sei dem Vater“ oder ein anderes, ganz kurzes Gebet von der Länge eines einzigen Satzes kann man immer sprechen. Und das scheint wichtig, wenn man bedenkt, dass kein Einschnitt im Leben des Menschen so bedeutsam ist wie der zwischen Schlafen und Wachsein.

Ebenso kurz wie am Morgen und am Abend kann man vielfältig während des Tages beten. Kurzgebete von wenigen Sekunden Dauer – früher nannte man sie auch „Stoßgebete“ – fordern keine große Konzentration, sie unterbrechen nicht die Arbeit, sie entgehen einer ganzen Menge von Problemen, die das Beten sonst hat – und sie können doch ganz herzhaft die Verbindung zu Gott herstellen, mitten in dem, was ich gerade tue. Man kann dabei feste Formeln benutzen, die uns zum Beispiel aus der Liturgie bekannt sind: „Herr, erbarme dich." „Dein Wille geschehe." „Gib uns den Frieden." „Geheiligt werde dein Name." „Unser tägliches Brot gib uns heute", usw. Man kann aber auch mit eigenen kurzen Worten sagen, was man Gott aus Freude, Dankbarkeit, Sorge, Beklemmung, Niedergeschlagenheit, Schuldbewusstsein sagen will: „Herr, hilf mir." „Vater im Himmel, hilf bitte diesem Menschen." „Mein Gott, ich komme nicht zurecht." „Herr, es ist zum Verzweifeln". „Danke, dass mir dies gelungen ist." „Herr, lass mich dies ertragen." Und vor allem immer wieder: „Lieber Gott, ich glaube an dich."

Wer in dieser Weise das Kurzgebet pflegt, den braucht man gewiss nicht an die Pflicht des täglichen Gebetes zu erinnern. Darüber hinaus aber gibt es, wenn man nur genau Bilanz macht, fast jeden Tag kleine Zeiten, wo man gerade in der Weise ein wenig länger „abschalten" kann, wie man es sonst für Morgen- und Abendgebet nötig hatte. Dann sollte man sie nutzen, um zum Beispiel ein Vaterunser, oder ein Glaubensbekenntnis oder einen Psalm oder sonst ein Gebet zu sprechen, das uns lieb ist. Dieses sogenannte „Tagesgebet" könnte eine schöne tägliche Gebetsform werden für all die, denen ein Morgen- und Abendgebet in der alten Form nicht mehr möglich ist.

Mit dem Tagesgebet lässt sich schließlich auch verbinden, einmal in der Heiligen Schrift zu lesen oder ein religiöses Buch zur Hand zu nehmen, das in Fragen des Glaubens weiterhilft. Es gibt viele gute Bücher, die in kurzen Kapiteln, die man auch nach der Arbeit noch bewältigen kann, solche Hilfe für das Glaubenswissen oder auch direkt für das Gebet anbieten. Wer sich erkundigt, wird rasch finden, was ihm persönlich hilft.

22. Kapitel

Was kommt nach dem Tod?

Wenn wir eine Ferienreise planen, beschaffen wir uns Prospekte. Darauf sieht man dann in vorteilhaftester Form abgebildet, was uns erwartet: das schöne Strandhotel, die Liegeterrassen, die adretten Tische im Speisesaal, das herrliche Sommerwetter... Nun denken wir uns einmal, ein pfiffiges Reisebüro käme auf den Einfall, auf der Vorderseite des Prospektes eine verfaulende Holzhütte abzubilden, mitten in einem Sumpfgelände, ohne Zufahrtstraße, umgeben von Urwald und Schlingpflanzen, darunter die Frage: „Wollen Sie hier Urlaub machen? Wenn nein, dann kommen Sie zu uns!" Was wissen wir dann von unserem Urlaubsziel? Keine Einzelheiten – nur, dass es das gerade Gegenteil von dem ist, was wir auf dem Bild sehen.

So ungefähr ergeht es uns, wenn wir uns als Christen einen „Prospekt" zu machen versuchen, was uns nach dem Tode erwartet. Paulus schreibt einmal: „Er (Christus) wird unseren hinfälligen Leib seinem verherrlichten Leibe gleichgestalten" (Phil 3,21). Was ein verherrlichter Leib ist, wissen wir nicht. Aber was unser hinfälliger Leib ist, wissen wir nur zu gut. Damit soll es nach dem Tode endgültig vorbei sein.

Ewiges Leben

Der Glaube sagt uns ganz eindeutig, was nach dem Tode kommt. Wir brauchen nur aus dem, was wir schon wissen, die Schlussfolgerungen zu ziehen. Wir werden das „ewige Leben" empfangen, das heißt: nicht nur ein Leben, das niemals mehr aufhört, sondern ein vollendetes Leben, das nur noch Leben ist und kein Altern und keinen Schatten des Todes mehr in sich trägt, kurz: ein Leben von Art des Lebens Gottes, soweit ein Geschöpf dessen nur teilhaftig werden kann. Dieses Leben werden wir als *Menschen* führen, also nicht nur als reine Geister, sondern als Wesen von Fleisch und Blut, in denen alles Geistige sich leiblich ausdrückt und alles Leibliche vom Geist beherrscht und beseelt ist. Auch werden wir nicht jeweils für uns allein leben, sondern in Gemeinschaft mit den anderen Menschen, besonders mit all denen, die wir in diesem Leben geliebt haben – wie es zum Menschen gehört. Da wir nun vorher als Menschen gestorben sind, wird uns das ewige Leben allein dadurch zuteil, dass Gott uns in schöpferischer Allmacht auferweckt, wie er Jesus auferweckt hat.

Das ewige Leben wird für uns unendliche Freude sein. Und die äußere Welt wird dabei so umgestaltet, dass auch sie Grund und Gegenstand dieser Freude ist: eine heile, erlöste Welt, wie Gott sie dem Menschen zugedacht, der Mensch sie aber durch seine Sünde verspielt und zerstört hatte. Möglich wird die unendliche Freude dadurch, dass wir Mensch nun vorbehaltlos und ohne Schatten von Selbstherrlichkeit in der Gemeinschaft mit Gott stehen. Wer mit Gott ganz im Einklang ist, erlebt auch die Welt ganz anders: nicht mehr als Feindin, nicht mehr als Herausforderung zu selbstherrlicher Herrschaft, die sich dann an ihrem Widerstand bricht, sondern als Gottes Welt, die dem Menschen zum Gebrauch und zur Freude anvertraut ist.

Das Gericht

Das ewige Leben des Menschen ist der endgültige Sieg des Erbarmens Gottes über die Sünde. Natürlich geht das nicht, ohne dass der Mensch ebenso endgültig seine Sünde einsieht und ihr absagt. Aber nichts kann ihm nach dem Tode diese Einsicht noch trüben, nichts kann ihn mehr gegen Gott verführen. Im Angesicht Gottes kann der Mensch seinen Widerstand gegen Gott nur noch schmerzlich als grenzenlose Torheit begreifen. Diese schmerzliche Einsicht, die zugleich Läuterung ist und den Menschen reif macht für ein vollendetes Leben in der Gottesgemeinschaft, nennen wir mit der Heiligen Schrift das „Gericht" Gottes. Um Jesu Christi willen wird in diesem Gericht das Erbarmen Gottes siegen – auch da, wo ein Mensch in diesem Leben nicht vollständig mit der Sünde gebrochen hat. Und kein Mensch hat in seiner Todesstunde schon vollständig mit der Sünde gebrochen. Die einzige Voraussetzung für das Erbarmen Gottes ist, dass wir in diesem Leben geglaubt, und das heißt: Gottes Erbarmen angenommen haben. Wer das ernsthaft nicht wollte, für den ist das ewige Leben ewige Trennung von Gott, darum auch ewige Freudlosigkeit, ewige Einsamkeit, ein ewiger Tod ohne ewiges Vergessen – kurz: die „Hölle". Davon haben wir schon im Zusammenhang mit der Frage nach der Sünde gesprochen.

Wir haben nur Bilder

Wer nun aufmerksam gelesen hat, hat gemerkt, dass alle eindeutigen Aussagen des Glaubens über das Leben nach dem Tode auf der anderen Seite wieder sehr vieldeutig waren, oder besser: sehr im Allgemeinen stecken blieben. Was heißt denn das alles: „Vollendetes Leben", „Auferweckung", „Freude", „erlöste Welt", „Gemeinschaft mit Gott"? Und kommen wir nicht auf unlösbare Fragen, wenn wir zum Beispiel wissen wollen, wo denn all die Milliarden auferstandener Menschen sich in dieser Welt aufhalten sollen, wie ein Leib aussieht, der nicht mehr sterben kann, oder wenn wir gar die Frage wiederholen, mit der die Gegner einst Jesus eine Falle stellen wollten, nämlich, mit wem denn in der Ewigkeit ein Mann verheiratet sein werde, der hier auf Erden mehrmals verheiratet war (Mk 12,18-27)?

Aus all dem erkennen wir: Wir können uns jetzt das Leben, das uns zugedacht ist, noch nicht vorstellen. Nur zwei Dinge können wir tun, um uns den Glauben an das ewige Leben etwas anschaulich zu machen: Wir können zunächst unsere Hoffnung *in Bildern* ausdrücken. Dann werden wir – wie schon die Heilige Schrift es tut – auf das Beste zurückgreifen, was uns auf dieser Erde geschenkt ist, und es uns gewissermaßen ins Unendliche gesteigert vorstellen. So wird es ein Gleichnis für die Freude des ewigen Lebens. Die Heilige Schrift hat uns das ewige Leben etwa im Bild eines unvorstellbar großartigen Hochzeitsmahles beschrieben. Oder im Bild einer Stadt mit goldenen und perlenübersäten Toren, in der es nie Nacht wird. Oder im Bild eines unvorstellbar festlichen Gottesdienstes mit unerhörter Musik. Oder im Bild eines Friedens auf der ganzen Welt, an dem sogar die Tiere ihren Anteil haben.

Solche Bilder haben nur eine Schwierigkeit: Sie sind ein wenig abhängig von dem, was die Menschen, die sie gebrauchen, gerade als besonders wertvoll empfinden und erleben. So kann es sogar kommen, dass selbst die Bilder der Heiligen Schrift uns nicht mehr sehr anrühren. Daher kann man die Christen schon hänseln: Wer findet es denn das höchste der Gefühle, in den Chören der Engel mitzusingen? Davon sollten wir uns nicht ins Bockshorn jagen lassen, sondern uns darauf besinnen, dass Bilder eben Bilder sind und nie auch nur annähernd eine wirklichkeitsgetreue Vorstellung von dem geben können, was wir noch gar nicht gesehen haben. Eben deshalb dürfen wir dann auch nach eigenen Bildern suchen, die *uns* etwas sagen. Wäre es zum Beispiel nicht ein ganz tiefes Bild für die Freude des ewigen Lebens, wenn wir sagen: Dann endlich werden alle Menschen gerecht sein und einander so lieben, wie sie es brauchen? Oder: Dann endlich werden wir Antwort haben auf all die quälenden Fragen, die wir jetzt nicht lösen können? Oder: Dann endlich wird ein gerechter Ausgleich dafür geschaffen, dass viele Menschen hier auf Erden so schuldlos und ungerecht gelitten haben, während andere nie Not und Sorge und Leid gekannt haben?

Das Frühere ist vergangen

Wir sind damit unversehens schon bei dem Zweiten, was wir versuchen können: das, wozu unser pfiffiges Reisebüro herausforderte. Wir können versuchen, alles Quälende, alles Unheil, alles Elend dieses Lebens uns vorzustellen – und dann das genaue Gegenteil davon zu denken. Dann wissen wir, in welche Richtung unsere Hoffnung auf das ewige Leben gehen soll. Auch das macht die Heilige Schrift uns vor. Paulus etwa an der schon genannten Stelle. Oder er stellt im ersten Korintherbrief gegenüber: Unser Leben ist verweslich, unansehnlich, schwach – zugedacht ist uns ein Leben in Unverweslichkeit, Herrlichkeit und Kraft (1 Kor 15,42-43). Und in der Offenbarung des Johannes lesen wir: „Gott wird jede Träne wegwischen von ihren Augen; der Tod wird nicht mehr sein, und nicht Trauer und Klage und Mühsal; denn das Frühere ist vergangen" (Offb 21,4). Ist das alles nicht deutlich genug, auch in der Sprache der Bilder?

Und wenn alle Vorstellungen und Bilder versagen, wenn kein Bild und kein Vergleich uns mehr anspricht, dann sollen wir zwei Schriftworte nicht vergessen: „Jetzt sehen wir noch wie durch einen Spiegel auf ein Rätselbild, dann aber von Angesicht zu Angesicht" (1 Kor 13,12) – es ist gar kein Wunder, wenn wir mit Rätselbildern nichts anfangen können. Wenn aber Paulus das Rätselbild doch einmal näher beschreiben will, so hat er dafür eine ganz knappe Formel: „Wir werden beim Herrn sein" (2 Kor 5,8; Phil 1,23; 1 Thess 4,17). Das zu wissen genügt ihm.

Und es darf mit Fug und Recht genügen. Denn die einzige Garantie unserer Hoffnung auf das ewige Leben ist Jesus, den Gott als „Ersten der Entschlafenen" von den Toten auferweckt hat. Weil es ihn gibt, den auferweckten Jesus, kann man geradezu schlussfolgern: „Wenn nun von Christus gepredigt wird, dass er von den Toten auferweckt worden ist, wie können da einige unter euch behaupten, es gebe keine Auferstehung der Toten? Wenn es aber keine Auferstehung der Toten gibt, dann ist auch Christus nicht auferweckt worden... Hätten wir nur in diesem Leben die Hoffnung auf Christus gehabt, so wären wir die bedauernswertesten von allen Menschen" (1 Kor 15,12-13.19).

23. Kapitel

Können Christen wirklich frei sein?

Frei sein, in Freiheit sein Leben gestalten können – das ist eines der größten Ideale unserer Zeit und der Menschen und Völker überall auf der Erde. Manchmal hört man sagen: Christen, vor allem katholische Christen, können gar nicht wirklich frei sein. Sie sind ja gebunden an alle möglichen Dinge, die ihre Freiheit einschränken und zunichte machen: an die Bibel, an die Lehre der Kirche, an viele Gebote, auch Gebote der Kirche, an Spielregeln des kirchlichen Lebens, sogar an bestimmte politische Zielsetzungen. Es gibt für Christen keine Freiheit des Denkens und des Handelns.

Durch Christus befreit

Nun steht aber im Galaterbrief des Apostels Paulus ein herausfordernder Satz: „Christus hat uns befreit, damit wir in Freiheit leben. Besteht also darauf und lasst euch nicht wieder in das Joch der Sklaverei einspannen!" (Gal 5,1). Demnach ist Freisein geradezu das Wesen des christlichen Glaubens, in Freiheit zu leben ist Pflicht jedes Christen.

Es gibt also nur zwei Möglichkeiten: Entweder ist die Kirche tatsächlich von diesen Worten des Galaterbriefes abgefallen, wenn Christen nicht wirklich frei sein können – oder jene Meinung, Christen seien notwendig unfrei, stimmt nicht. Welche der beiden Möglichkeiten trifft zu?

Wir brauchen keine Scheu zu haben, zuzugeben, dass es mit der Freiheit in der Kirche nicht immer gut ausgesehen hat. Auch heute kann man trotz vieler guter Entwicklungen in den letzten Jahrzehnten nicht sagen, die Kirche sei ganz und gar davon durchdrungen, die Menschen zuerst und zuletzt zur Freiheit der Kinder Gottes einzuladen. Das liegt ein wenig in der Natur der Sache. Die Kirche muss ja die Gebote Gottes einschärfen – wie leicht kann es geschehen, dass sie bei den Gläubigen ein wenig „Druck dahinter setzt", und wie leicht kann Druck in Zwang umschlagen, verstärkt durch Drohungen mit kirchlichen Strafen und gar mit der ewigen Verdammnis? Die Kirche muss ein lebendiges Gemeindeleben organisieren – wie leicht können anfänglich gute Spielregeln zu einer erstickenden Last werden, unter der wirklicher Glaube eher verkümmert als lebt? Die Kirche muss aufpassen, dass die Gläubigen zwar nicht vom redlichen Meinungsstreit, wohl aber von Verführung und Irrlehre verschont bleiben – wie leicht kann es geschehen, dass diese Sorge umschlägt in Unterdrückung der freien Forschung und Meinungsäußerung? Die Kirche beweist auch in unseren Tagen, dass zu all dem immer noch genügend Machtmittel zur Verfügung stehen. Anderseits zeigen gerade die guten Veränderungen, die sich in den letzten Jahrzehnten getan haben, dass die Kirche sich unter den Maßstab des Wortes aus dem Galaterbrief stellt. Wir dürfen hoffen, dass sie es in der Zukunft noch immer gründlicher tut.

Wahre Freiheit und Scheinfreiheit

Grundsätzlich kann man also nicht sagen: Die Kirche ist vom Galaterbrief abgefallen. Man muss vielmehr sagen:

Jene Meinung, der christliche Glaube mache notwendig unfrei, ist ganz und gar falsch. Das brauchen wir nun, am Schluss dieses Buches, gar nicht mehr ausführlich zu beweisen. Wir brauchen uns nur zu erinnern, was wir vor allem in den Kapiteln 1-3 und 7-9 bedacht haben. Was denkt denn jene Meinung, wenn sie von „Freiheit" und „Unfreiheit" spricht? Ist „Freiheit" Willkür, die Erlaubnis, zu tun und zu lassen, was mir gerade beliebt? Ist Unfreiheit das Gebundensein an Werte und sittliche Forderungen? Wenn es so ist, brauchen wir das kaum zu widerlegen. Solche „Freiheit" ist nur Sklaverei unter dem Ersatzgott des eigenen Ich. Und dieser Ersatzgott hält nicht, was er verspricht. Er stürzt gerade in alle quälenden Unfreiheiten zurück, aus denen er zu befreien verhieß.

In Wahrheit ist keine Freiheit größer als die Freiheit in der Bindung des Glaubens an Gott, der die Quelle aller Freiheit ist. Er nimmt uns die Sorge um den Sinn unseres Daseins. Wir können gelassen alles auf uns zukommen lassen, weil sich nicht verlieren kann, wer sich in Gottes Hand geborgen weiß. Gott befreit uns zur Liebe, durch den Glauben an seine Liebe, durch die Gebote, die uns den Weg weisen. Denn weil wir nicht mehr für uns selbst sorgen müssen, sind wir von unserem Egoismus erlöst und können uns mit ganzer Kraft den Menschen zuwenden, denen wir dienen *müssen*, weil wir ihnen dienen *wollen*. Gott hat unsere Vernunft befreit, dass wir ohne Schielen auf persönliche Vorteile in der Gemeinschaft leben können, uns sachliche Spielregeln des Zusammenlebens in der Gesellschaft und ebenso in der Kirche ausdenken können, die den notwendigen Ausgleich schaffen, damit nicht der eine seine Freiheit auf Kosten des anderen lebt. Gott hat uns auch die Freiheit gegeben, Konflikte anzunehmen, wenn rechtmäßige menschliche Gesetze am Ende zur „Menschensatzung“ werden, die dem Gebot Gottes widerspricht (vgl. Mk 7,8). Denn das vom Glauben erleuchtete Gewissen wird solche Menschensatzung nie mit dem Gebot Gottes verwechseln, das allein Leben bringt. Und schließlich hat Gott uns so frei gemacht, dass wir sogar das Vergebliche ertragen können, am Ende die letzte Vergeblichkeit, den Tod: Der Christ weiß durch Kreuz und Auferweckung Jesu, dass das nicht das letzte Wort ist – daher fürchtet er den Tod nicht.

Die gute Nachricht

Wer kann also eigentlich freier sein als die Christen? Alles, was scheinbar ihre Freiheit einengt und erstickt, ist in Wahrheit entweder der Grund ihrer Freiheit oder ist damit verbunden (Bibel, Glaubenslehre), oder es gehört zum Leben in der Freiheit (Gebote, Gemeinschaftsregeln). Wirkliche Hindernisse ihrer Freiheit gibt es nur als Form des Verrates an der christlichen Botschaft. Das kommt vor, aber das ist kein Einwand gegen den Glauben, der Glaube muss vielmehr um seiner selbst willen dagegen angehen. Freiheit ist Glaubenspflicht – daran lässt Paulus keinen Zweifel. Wenn jemand sich im Glauben unfrei fühlt, ist etwas nicht in Ordnung, entweder mit ihm selbst oder mit der Art, wie ihm der Glaube nahegebracht wird.

So ist der Satz des Paulus zugleich Zusammenfassung des ganzen Glaubens und Maßstab für das persönliche christliche Leben wie für das Leben der Kirche: „Christus hat uns befreit, damit wir in Freiheit leben. Besteht also darauf und lasst euch nicht wieder in das Joch der

Sklaverei einspannen“ (Gal 5,1.) Gibt es irgendeinen Grund, uns dieser guten Nachricht in der heutigen Welt zu schämen?

Wer gern noch mehr wissen möchte...

sollte vielleicht einmal in folgenden Büchern lesen (siehe dazu das Vorwort):

Zu den Kapiteln 1-5: Günther Weber, Wie wir Menschen leben. Bd. 3 und 4. Herder-Verlag, Freiburg im Br., neubearbeitet 1983 und 1984. Es handelt sich um ein Religionsbuch für die Grundschule. Also nur etwas für die Kinder? Lassen Sie sich vom Verfasser dieses Büchleins versichern: Auch ein Theologe hat es mit Begeisterung gelesen und viel daraus gelernt.

Sie können auch lesen in den beiden Büchern von Otto Hermann Pesch, Rechenschaft über den Glauben (Topos Taschenbuch 5). Matthias-Grünewald-Verlag, Mainz, 3. durchgesehene u. erw. Aufl. 1983; Heute Gott erkennen (Topos Taschenbuch 100). Matthias-Grünewald-Verlag, Mainz, 3. Aufl. 1988; ferner bei Medard Kehl, Hinführung zum christlichen Glauben. Matthias-Grünewald-Verlag, Mainz, 2. Aufl. 1987; Dieter Emeis, Kleiner Katechismus. Glaube und Sakramente (Herderbücherei 8834). Freiburg/Br., erweiterte Neuausgabe 1995; und Wolfgang Beinert, Ich hab da eine Frage. Auskunft zum Glauben der Christen. Verlag Friedrich Pustet, Regenburg 2002. Diese Bücher bieten mehr Informationen aus der „komplizierten" Theologie, als dieses Büchlein geben kann. Sie sind aber einfach geschrieben, und man braucht keine besonderen Fachkenntnisse, um sie zu verstehen. Für alle, die ein wenig zur Anstrengung des Nachdenkens bereit sind: Rudolf Walter (Hrsg.), Die hundert Namen Gottes. Tore zum letzten Geheimnis, (Herderbücherei 1229). Herder-Verlag, Freiburg/Br. 1985; und Franz Annen (Hrsg.), Gottesbilder. Herausforderungen und Geheimnis (Topos plus Taschenbuch 453). Neuausgabe, Paulusverlag, Freiburg/Schweiz 2002.

Wo es um die zentralen Fragen des Glaubens an Gott geht, ist heute der Unterschied der Konfessionen kaum noch spürbar. Deshalb hier der Hinweis auf zwei jüngste evangelische Bücher zum Ganzen: Heinz Zahrnt, Glauben unter leerem

Himmel. Ein Lebensbuch. Piper Verlag, München 2000 – das letzte Buch des im Jahre 2003 verstorbenen bekannten evangelischen Theologen und Journalisten; und Ulrich Kühn, Christlicher Glaube nach 2000 Jahren. Eine Auslegung des Apostolischen Glaubensbekenntnisses. Evangelische Verlagsanstalt, Leipzig 2000. Das katholische Gegenstück dazu ist nach wie vor Theodor Schneider, Was wir glauben. Eine Auslegung des Apostolischen Glaubensbekenntnisses. Patmos-Verlag, Düsseldorf, 5. Aufl. 1998; und Joseph Kard. Ratzinger, Einführung in das Christentum. Vorlesungen über das Apostolische Glaubensbekenntnis. Kösel-Verlag, München, Neuausgabe mit neuem Vorwort 2003.

Wenn Sie nicht nur persönliche Lektüre, sondern auch Hilfe und Anleitung zum Glaubensgespräch und gar zum Religionsunterricht suchen, möchte ich Sie auf folgende etwas größeren Bücher hinweisen: Paul Weß, Befreit von Angst und Einsamkeit. Der Glaube in der Gemeinde. Styria-Verlag, Graz 1973; vom selben Verfasser: Eine Frage bricht auf. Wie man zum Glauben finden kann. Styria-Verlag, Graz 1982; Willi Hoffsümmer, Glaube trägt. Kleiner Katechismus für junge und erwachsene Christen. Matthias-Grünewald-Verlag, Mainz 1979, 7. Aufl. 1992; Josef Imbach, Glaube aus Erfahrung. Von der Möglichkeit, Gott zu begegnen. Rex-Verlag, Luzern-Stuttgart 1981; Franz-Josef Ortkemper, Versuche von Gott zu reden (Topos Taschenbuch 138). Matthias-Grünewald-Verlag, Mainz 1984; Christian Schütz, Er ist nahe. Lesebuch für Gottsucher, Herder-Verlag 1991; und fast unentbehrlich für das Gespräch mit Kindern: Heinz-Manfred Schulz: Was macht Gott den ganzen Tag? Kinder fragen nach dem Glauben – Eltern und Erzieher geben Antwort (Topos Taschenbuch 167). Matthias-Grünewald-Verlag, Mainz, 4. Aufl. 1991.

Besonders zu den Kapiteln 2 und 3: Ferdinand Kerstiens, Der Weg Jesu (Topos Taschenbuch 14). Matthias-Grünewald-Verlag, Mainz 1974; Heinz-Jürgen Vogels, Jesus Christus eine Realität. Schwabenverlag, Ostfildern 1988; Leonardo Boff, Mensch geworden. Das Evangelium von Weihnachten; ders., Die befreiende Botschaft. Das Evangelium von Ostern, beide Herder-Verlag, Freiburg/Br., 3. bzw. 2. Aufl. 1990. Diese Bücher gehen in einfacher, zum Nachdenken einladender Form auf die Einzelfragen unserer beiden Kapitel ein. Etwas mehr Sachinformation aus der Bibelwissenschaft, aber in allgemeinverständlicher Form geben die kleinen Bücher von Traugott Holtz, Jesus aus Nazareth. Was wissen wir von ihm? Benziger Verlag, Zürich-Köln 1981; Gerhard Lohfink, Der letzte Tag Jesu. Die Ereignisse der Passion; Anton Vögtle, Was Weihnachten bedeutet; Was Ostern bedeutet; Joachim Wanke, Seine Auferstehung preisen wir. Österlich leben; Theodor Schneider, Wenn der Morgenstern aufgeht. Das Weihnachtsereignis; Otto Hermann Pesch, Jesu Tod – unser Leben. Ostergedanken; ders., Christus in der Krippe. Der verborgene Sinn der Weihnacht – alle im Herder-Verlag in den letzten Jahren, teilweise in Neuauflagen; Josef Imbach, Und lehrte sie in Bildern. Die Gleichnisse Jesu – für heute (Topos plus Taschenbuch 465). Echter-Verlag, Würzburg 2003; Jos Rosenthal, Der Prozess Jesu. 18 Stunden bis zur Hinrichtung (Topos plus Taschenbuch 475). Lahn-Verlag, Limburg-Kevelaer 2003; ferner für solche, die bereit sind, sich einmal aus Denkgewohnheiten herausholen zu lassen: Jürgen Thomassen (Hrsg.), Jesus von Nazaret. Neue Zugänge zu Person und Bedeutung. Echter Verlag, Würzburg 1993; Gottfried Bachl, Der schwierige Jesus. Tyrolia-Verlag, Innsbruck-Wien, 2. Aufl. 1996; Dorothee Sölle/Luise Schottroff, Jesus von Nazareth. Deutscher Taschenbuch Verlag, München 2000; gleichsam als „Gegenlesung“: Klaus Berger, Wer war Jesus wirklich? Gütersloher Verlagshaus, Gütersloh 1995; Wolfgang Klausnitzer, Jesus von Nazareth. Lehrer – Messias – Gottessohn (Topos plus Taschenbuch 381), Verlag Friedrich Pustet, Regensburg 2003; und Roman Heiligenthal, Der verfälschte Jesus. Eine Kritik moderner Jesusbilder. Wissenschaftliche Buchgesellschaft, Darmstadt, 2. überarbeitete Aufl. 1999; zum Ganzen das Buch des evangelischen Theologen Heinz Zahrnt, Jesus aus Nazareth. Ein Leben, Piper-Verlag, München 1987 – ein Buch, das den Konfessionsunterschied mit Recht vergessen lässt! Dasselbe gilt für das Buch des evangelischen Journalisten Robert Leicht, Ihr seid das Salz der Erde! 2000 Jahre Christentum im Widerspruch (Gütersloher Taschenbuch 1322). Gütersloh 1999 – die geistvollste zugleich historische und aktuelle Auslegung der Bergpredigt, die ich kenne. Siehe auch unten die Lesehinweise zum 6. Kapitel; zu den jüdischen Wurzeln der Predigt Jesu und damit der Kirche siehe die Hinweise zum 20. Kapitel.

Zu Kapitel 4: Theodor Schneider, Gott ist Gabe. Meditationen über den Heiligen Geist. Herder-Verlag, Freiburg im Br. 1979. Wer sich in diesem Zusammenhang nicht vom Hörensagen, sondern solide über die bedeutsame innerkirchliche Bewegung zur „Charismatischen Erneuerung" – um die es freilich heute etwas stiller geworden ist – und über die neue Suche nach „Erfahrung des Heiligen Geistes" informieren will, liest am besten die Topos Taschenbücher 40, 49, 90 und 116 von Heribert Mühlen, Matthias-Grünewald-Verlag, Mainz; und vom selben Verfasser: Neu mit Gott. Einübung in christliches Leben und Zeugnis, Herder-Verlag, Freiburg im Br. 1991. Dazu als Überblick Francis A. Sullivan, Die Charismatische Erneuerung. Wirken und Ziele. Styria Verlag, Graz 1984.

Zu Kapitel 5: Zu den schwierigen Fragen, wie man die Drei-Einheit Gottes richtig verstehen soll, gibt es jetzt zwei hilfreiche kleine Bücher, die auf größere wissenschaftliche Studien zurückgehen: Gisbert Greshake, An den dreieinen Gott glauben. Ein Schlüssel zum Verstehen. Herder-Verlag, Freiburg im Br. 1996; Bertram Stubenrauch, Dreifaltigkeit (Topos plus Taschenbuch 434). Verlag Friedrich Pustet, Regensburg 2003. Dazu, gemäß dem Titel etwas anspruchsvoller: Gotthard Fuchs/Jürgen Werbick (Hrsg.); Der dreieinige Gott. Predigten mit Hintergrund. Erich Wewel Verlag, Donauwörth 1999.

Zu Kapitel 6: Das am Schluss des Kapitels zitierte kleine Buch ist: Eugen Wiesner/Hans Georg Lubkoll (Hrsg.), Wie liest man die Bibel? Eine Gebrauchsanweisung für Neugierige, Anfänger und Fortgeschrittene. Kösel-Verlag, München 1973. Weitere hilfreiche Bücher: Gerhard Lohfink, Jetzt verstehe ich die Bibel. Ein Sachbuch zur Formkritik; Diego Arenhoevel, So wurde Bibel. Ein Sachbuch zum Alten Testament. Beide (verständlich und spannend geschriebene) Bücher im Verlag Katholisches Bibelwerk, Stuttgart 1973 und 1974 (und etliche Neuauflagen); und die beiden Bücher von Richard Rohr. Das entfesselte Buch. Die Lebenskraft des Alten Testaments; Das auferstandene Buch. Die Lebenskraft des Neuen Testaments, beide Herder-Verlag, Freiburg im Br. 1991; und jetzt Walter Kirchschläger, Grundkurs Bibel. Altes Testament; ders., Grundkurs Bibel. Neues Testament (Topos plus Taschenbücher 421 u. 422). Verlag Katholisches Bibelwerk, Stuttgart 2003. Ergänzend Diego Arenhoevel, Propheten in Israel. Paulusverlag, Freiburg/Schweiz 1994; Thomas Söding, Mehr als ein Buch. Die Bibel begreifen. Herder-Verlag, Freiburg im Br., 3. Aufl. 2001; Wolfgang Baur, Was wir von der Bibel wissen. Daten – Fakten – Hintergründe (Topos plus Taschenbuch 411). Verlag Katholisches Bibelwerk, Stuttgart 2003. Lohnend ist außerdem wegen der herrlich nüchtern-konservativen, kritischen Überschwang zur Ordnung rufenden Urteile, Klaus Berger, Sind die Berichte des Neuen Testaments wahr? Ein Weg zum Verstehen der Bibel. Verlag Chr. Kaiser/Gütersloher Verlagshaus, Gütersloh 2002. Zum „Jahr der Bibel" 1992 erschien das allgemeinverständliche Hintergrund-Buch von Heinz-Josef Fabry und anderen, Bibel und Bibelauslegung. Das immer neue Bemühen um die Botschaft Gottes. Verlag Friedrich Pustet, Regensburg 1992. Gerade bei der Bibel ist oft auch der Blick „von außen" – nur scheinbar von außen? – sehr erhellend, so besonders aus der Sicht der Psychologie und Psychotherapie. Dazu zwei Bücher eines Psychotherapeuten, der zugleich Theologe ist – mit überraschenden, aus Erfahrung gewonnenen Einsichten: Hans Deidenbach, Zur Psychologie der Bergpredigt; ders., Begegnung und Heilung. Psychologie und Pädagogik in biblischen Geschichten. Beide Bücher im Fischer Verlag, Frankfurt am Main 1995 und 1998. Um die Grenzen dieser Befragung der Bibel nicht aus dem Auge zu verlieren, noch einmal Klaus Berger, Historische Psychologie des Neuen Testaments. Katholisches Bibelwerk, Stuttgart 1991.

Zu Kapitel 7 und 8: Heinrich Klomps, Tugenden des modernen Menschen. Verlag Winfried Werk, Augsburg 1971; Ladislaus Boros, Im Menschen Gott begegnen (Topos Taschenbuch 78). Matthias-Grünewald-Verlag, Mainz, 7. Aufl. 1984; Elmar

Gruber, Wege zur Mitte. Das Leben aus dem Glauben betrachten. Pfeiffer-Verlag, München 1979; ders., Lass Schaf und Wolf in dir wohnen. Meditationen zu christlichen Tugenden (Topos plus Taschenbuch 418). Don Bosco Verlag, München 2003; Ernst Emrich, Leben wir was wir glauben. Christsein im Alltag (Topos Taschenbuch 151). Matthias-Grünewald-Verlag, Mainz 1985; Otto Hermann Pesch, Die Zehn Gebote (Topos Taschenbuch 48). Matthias-Grünewald-Verlag, Mainz, 9. Aufl. 1995; ders., Christliche Lebenspraxis (Topos plus Taschenbuch 499). Echter Verlag, Würzburg, Neuausgabe 2003 (beide Bücher mit vielen Hinweisen auf weitere lesenswerte Bücher); Günther Weber, Die Zehn Gebote. Was sie uns heute zu sagen haben. Herder-Verlag, Freiburg/Br. 1982; und wieder einmal das Buch eines feinfühligen evangelischen Theologen, bei dem man den Konfessionsunterschied vergessen kann: Fulbert Steffensky, Feier des Lebens. Spiritualität im Alltag. Kreuz Verlag, Stuttgart 1984. Wer sich etwas zutraut, erfährt viel Hintergrund bei Josef Sudbrack, Gottes Geist ist konkret. Spiritualität im christlichen Kontext. Echter Verlag, Würzburg 1999. Speziell zu den gegenwärtigen moralischen Herausforderungen: Dietmar Mieth, Die neuen Tugenden. Ein ethischer Entwurf. Patmos-Verlag, Düsseldorf 1984; ders., Was wollen wir können? Ethik im Zeitalter der Biotechnik. Herder-Verlag, Freiburg/Br. 2002; Norbert Copray, In Hoffnung widerstehen. Wege aus der Krise, Kösel-Verlag, München 1988; Hans Kessler, Das Stöhnen der Natur. Plädoyer für eine Schöpfungsspiritualität und Schöpfungsethik. Patmos-Verlag, Düsseldorf 1990. Für spezielles Interesse an den inzwischen neuen Diskussionen um das Verhältnis von Schöpfungsglauben und Naturwissenschaften hier der Hinweis auf drei Bücher, die bei naturwissenschaftlichen Vorkenntnissen um so leichter zu verstehen sind: Dieter Hattrup, Einstein und der würfelnde Gott. An den Grenzen des Wissens in Naturwissenschaft und Theologie. Herder-Verlag, Freiburg/Br., 3. Aufl. 2001; Klaus Berger, Wer bestimmt unser Leben? Schicksal – Zufall – Fügung. Gütersloher Verlagshaus, Gütersloh 2002; Günter Ewald, Gibt es ein Jenseits? Auferstehungsglaube und Naturwissenschaften (Topos plus Taschenbuch 350). Matthias-Grünewald-Verlag, Mainz 2003.

Zu Kapitel 9: Bernhard Häring, Sünde im Zeitalter der Säkularisation. Eine Orientierungshilfe. Styria-Verlag, Graz 1974; dazu die Darstellung in seiner großen „zweiten" Moraltheologie: Frei in Christus. Moraltheologie für die Praxis des christlichen Lebens. Bd. 1. Herder-Verlag, Freiburg/Br. 1979, S. 368-438; Josef Pieper, Über den Begriff der Sünde. Kösel-Verlag, München 1977. – Etwas schwerer zu lesen (wenn Sie es noch aufstöbern!), aber sehr lehrreich für Leute, die „gern etwas mehr wissen wollen", sind zu den Kapiteln 7-9 die beiden kleinen Bücher vom Ambrosius Karl Ruf, Sünde – was ist das?, und: Konfliktfeld Autorität. Beide Bücher im Kösel-Verlag, München 1972 und 1974. Ferner Johannes Gründel, Schuld und Versöhnung. Matthias-Grünewald-Verlag, Mainz 1985; Michael Sievernich, Schuld und Sünde in der Theologie der Gegenwart. Knecht-Verlag, Frankfurt am Main 1982; Jürgen Werbick, Schulderfahrung und Bußsakrament. Matthias-Grünewald-Verlag, Mainz 1985; Franz Furger, Ethik der Lebensbereiche. Entscheidungshilfen. Herder-Verlag, Freiburg/Br., 2. Aufl. 1990. – Und wie man auch immer darüber denken mag, die Fragestellung nach spezifischer religiöser Erfahrung von Frauen und darum nach einer „feministischen Theologie" ist heute nicht mehr aus der Diskussion wegzudenken. Zum Thema „Sünde" gibt es hier den Überblick von Lucia Scherzberg, Sünde und Gnade in der Feministischen Theologie. Matthias-Grünewald-Verlag, Mainz 1991.

Zu den Kapiteln 10-16 – ist zunächst noch einmal hinzuweisen auf den „Kleinen Katechismus" von Dieter Emeis (siehe oben zum Ganzen); dazu ergänzend für Religionsunterricht und Glaubensgespräch: Dieter Emeis/Karl Heinz Schmitt, Grundkurs Sakramentenkatechese. Herder-Verlag, Freiburg/Br. 1980. Man kann, wenn man sich etwas zutraut, ähnlich wie bei den Kapiteln 7-9 vier eigentlich fachtheologische, aber allgemeinverständlich geschriebene Bücher durcharbeiten: Leonardo Boff, Kleine Sakramentenlehre. Patmos-Verlag, Düsseldorf 1976; Theodor Schneider, Zeichen der Nähe Gottes. Grundriss der Sakramententheologie. Matthias-Grünewald-Verlag, Mainz, 7. überarbeitete und ergänzte Aufl. 1998; Ders./Martina Patenge,

Sieben heilige Feiern. Eine kleine Sakramentenlehre (Topos plus Taschenbuch 541). Matthias-Grünewald-Verlag, Mainz 2004; Franz-Josef Nocke, Wort und Geste. Zum Verständnis der Sakramente. Kösel-Verlag, München 1985; Kurt Koch, Leben erspüren – Glauben feiern. Sakramente und Liturgie in unserer Zeit. Herder-Verlag, Freiburg/Br. 1999; Günter Koch, Sakramente – Hilfen zum Leben; ders., Sakramentale Symbole (Topos plus Taschenbücher 380 und 404). Verlag Friedrich Pustet, Regensburg 2003. Außerdem ist für Einzelfragen auf folgende Bücher hinzuweisen:

Zu Kapitel 10: Dieter Emeis, Eingetaucht zu neuem Leben. Predigten über die Taufe. Herder-Verlag, Freiburg/Br. 1995.

Zu Kapitel 11 (und zum Gottesdienst überhaupt): Theodor Schneider, Wir sind sein Leib. Meditationen zur Eucharistie (Topos Taschenbuch 65). Matthias-Grünewald-Verlag, Mainz, 4. Aufl. 1989; Ferdinand Kerstiens, Neuer Wein in alte Schläuche. Sakramente der Befreiung. Patmos-Verlag, Düsseldorf 1994. – Und, endlich wieder zugänglich, Romano Guardini, Beten im Gottesdienst der Gemeinde. Zur Besinnung und Mitfeier (Topos Taschenbuch 114). Matthias-Grünewald-Verlag, Mainz 1982 (beachten Sie die „Notiz“ am Schluss!). Siehe auch bei Pesch, Christliche Lebenspraxis (oben zu Kapitel 7 und 8) das 5. Kapitel. Und wenn Sie keine Berührungsängste haben (und noch drankommen!): Hans Küng, Gottesdienst – warum? (Theologische Meditationen 43). Benziger Verlag, Zürich 1976 (Sie lernen einen ganz anderen Küng kennen als den der öffentlichen Klischee-Bilder!); siehe auch zu Kap. 12 und 16). – Zu dem dornigen Problem der Gemeinschaft am Tisch des Herrn zwischen Christen der getrennten Kirchen darf man nicht auf ungeduldige Vereinfachungen hereinfallen. Die wissenschaftlich-theologische Literatur in Büchern und Aufsätzen dazu füllt allerdings schon kleine Bibliotheken. Wer sich vom Ernst der Probleme überzeugen will, findet einen guten Überblick in zwei Büchern, die Tagungen Katholischer Akademien dokumentieren, sich also an Christinnen und Christen wenden, die zum Nachdenken bereit sind, aber nicht Theologie studiert haben: Ernst Pulsfort/Rolf Hanusch (Hrsg.), Von der „Gemeinsamen Erklärung“ zum „Gemeinsamen Herrenmahl“? Perspektiven der Ökumene im 21.Jahrhundert; Thomas Söding (Hrsg.), Eucharistie. Positionen katholischer Theologie. Beide im Verlag Friedrich Pustet, Regensburg 2002.

Zu Kapitel 12 – gibt es neben den schon genannten allgemeinen Büchern das wunderschöne Meditationsbüchlein des Grazer Bischofs Egon Kapellari, Zünd an in uns des Lichtes Schein. Ein Bischof schreibt zur Firmung. Styria-Verlag, Graz 1991; und Hans Küng, Was ist Firmung? (Theologische Meditationen 40). Benziger Verlag, Zürich 1976.

Zu Kapitel 13: Otto Hermann Pesch, Buße konkret – heute. Benziger-Verlag, Einsiedeln-Zürich-Köln 1974 (wenn Sie noch drankommen) – dort sind auch weitere ältere Bücher über das Bußsakrament aufgeführt. Ausführlicher und im Blick auf die heutigen Probleme des Bußsakramentes: Josef Imbach, Vergib uns unsere Schuld. Sünde, Umkehr und Versöhnung im Leben der Christen (Topos-Taschenbuch 69). Matthias-Grünewald-Verlag, Mainz 1978; Paul M. Zulehner, Umkehr: Prinzip und Verwirklichung. Am Beispiel Beichte. Knecht-Verlag, Frankfurt am Main 1979; Jürgen Werbick, Schulderfahrung und Bußsakrament. Matthias-Grünewald-Verlag, Mainz 1985; Karl Schlemmer, Krise der Beichte – Krise des Menschen. Ökumenische Beiträge zur Feier der Versöhnung. Echter Verlag, Würzburg 1998.

Zu Kapitel 14: Über die christliche Ehe wird heute in der Theologie viel diskutiert. Ich nenne nur folgende einfach geschriebene Bücher: Johannes Gründel, Die Zukunft der christlichen Ehe. Erwartungen, Konflikte, Orientierungshilfen. Don-Bosco-Verlag, München 1978; Dieter Emeis, Die Ehe christlich leben. Anregungen. Herder-Verlag, Freiburg/Br. 1980; Dietmar Mieth, Die Kunst, zärtlich zu sein. Wege zur Sensibilität. Herder-Verlag, Freiburg/Br. 1982; ders., Geburtenregelung. Ein Konflikt in der katholischen Kirche. Matthias-Gründewald-Verlag, Mainz 1990; Peter Neysters, An hellen und an dunklen Tagen. Ehe in der Lebensmitte. Herder-Verlag, Freiburg/Br. 1991; Marion

Wagner, Für eine Zukunft in Partnerschaft. Mann und Frau in christlicher Sicht (Topos plus Taschenbuch 480). Verlag Friedrich Pustet, Regensburg 2003. Wer sich etwas zutraut, greife zu Markus Knapp, Glaube – Liebe – Ehe. Ein theologischer Versuch in schwieriger Zeit. Echter Verlag, Würzburg 1999. Zu weiteren aktuellen Fragen des katholischen und allgemein christlichen Verständnisses von der Ehe siehe die Leseempfehlungen bei Pesch, Christliche Lebenspraxis (siehe oben zu Kapitel 7 und 8), zum 9. Kapitel. Für konfessionsverschiedene Ehepaare (und Brautleute) liegt ein hilfreiches Informationsbuch des evangelischen Theologen Walter Schöpsdau vor: Konfessionsverschiedene Ehe. Ein Handbuch. Verlag Vandenhoeck & Ruprecht, Göttingen 1984. Und für die Alltagspraxis siehe das erfahrungsgesättigte kostbare Buch von Beate und Jörg Beyer, Konfessionsverbindende Ehe. Impulse für Paare und Seelsorger (Topos-Taschenbuch 205). Matthias-Grünewald-Verlag, Mainz, 3. Aufl. 1991. Das Lehrschreiben von Papst Johannes Paul II. „Über die Aufgaben der christlichen Familie in der Welt von heute" liegt in deutscher Übersetzung vor unter dem Titel: Dem Leben dienen. Herder-Verlag, Freiburg/Br. 1982.

Zu Kapitel 15 – gibt es keine speziellen Bücher; es muss beim Hinweis auf die allgemeinen Bücher über die Sakramente bleiben. Für Neugierige, die die alten Vorstellungen von der „Letzten Ölung" (und die damit verbundenen Ängste!) noch im Gedächtnis haben, empfiehlt sich aber ein Blick in die offizielle Ausgabe der liturgischen Texte und die dort gebotenen Erläuterungen: Die Feier der Krankensakramente. Hrsg; Im Auftrag der Bischofskonferenzen Deutschlands, Österreichs und der Schweiz und der Bischöfe von Bozen-Brixen und von Luxemburg. Für Deutschland: Friedrich Pustet Verlag, Regensburg 1974.

Zu Kapitel 16: Das Thema betrifft direkt natürlich nur die Priester selbst. Es ist aber auch für die Gemeindeglieder gut zu wissen, wie Priester heute sich „fühlen" und wie sie in den heutigen kritischen Zeiten die Aufgaben ihres Amtes sehen. Dazu der Hinweis auf zwei (zu einander durchaus in Spannung stehende) Bücher: Hans Küng, Wozu Priester? Eine Hilfe. Benziger

Verlag, Zürich 1971; Gisbert Greshake, Priester sein in dieser Zeit. Theologie – Pastorale Praxis – Spiritualität. Herder-Verlag, Freiburg/Br. 2000.

Zu Kapitel 17 – steht natürlich genügend zu lesen in den Gesamtdarstellungen des Glaubens, die oben zu Beginn dieser Lesehinweise verzeichnet sind. Zu den Problemen und auch Konflikten um das heutige katholische Verständnis von der Kirche und ihrer Reform könnte man sehr viele Bücher aufzählen, einfache und schwierige. Ich nenne nur folgende Bücher, die auch als Fachbücher allgemeinverständlich sind, die Probleme nicht verschweigen und trotzdem für Freude an der Kirche werben: Paul M. Zulehner, Wider die Resignation in der Kirche. Aufruf zu kritischer Loyalität. Herder-Verlag, Wien, 3. Aufl. 1989; Kurt Koch, Aufbruch statt Resignation. Stichworte zu einem engagierten Christentum. Benziger Verlag, Zürich 1990; Medard Kehl, Die Kirche. Eine katholische Ekklesiologie. Echter Verlag, 2. Aufl. Würzburg. 1993; Helmut Krätzl, Neue Freude an der Kirche. Ein engagiertes Bekenntnis. Tyrolia-Verlag, Innsbruck 2001 (der Verfasser ist Weihbischof in Wien und war Mitarbeiter von Kardinal König auf dem Konzil); Kurt Koch, Bereit zum Innersten. Für eine Kirche, die das Geheimnis lebt. Herder-Verlag, Freiburg/Br. 2003; Sabine Dehmel, Mitmachen – Mitreden – Mitbestimmen. Grundlagen, Möglichkeit und Grenzen in der katholischen Kirche (Topos plus Taschenbuch 379). Verlag Friedrich Pustet, Regensburg 2003; Peter Neuner, Die heilige Kirche der sündigen Christen (Topos plus Taschenbuch 454). Verlag Friedrich Pustet, Regensburg 2003. Und für Leute, die sich biblisch herausfordern, gegebenenfalls zur Ordnung rufen lassen wollen: Gerhard Lohfink, Gottes Volksbegehren. Biblische Herausforderungen. Verlag Neue Stadt, München 1998. – Viele besorgte Katholiken halten die heutigen Konflikte und Krisen in der Kirche für eine Folge des Zweiten Vatikanischen Konzils. Das ist vollkommen falsch – auch wenn es, wen wundert das, nach dem Konzil manches Missverständnis und manchen Missbrauch gegeben hat. Darum hier der Hinweis auf zwei Bücher, die allgemeinverständliche Grundinformation über das Konzil geben: Otto Hermann Pesch, Das

Zweite Vatikanische Konzil. Vorgeschichte – Verlauf – Ergebnisse – Nachgeschichte. Echter Verlag, Würzburg 1993, als Topos plus Taschenbuch 393, 5. Aufl. 2001 (mit vielen weiteren Lesehinweisen); und Helmut Krätzl, Im Sprung gehemmt. Was mir nach dem Konzil noch alles fehlt. Verlag St. Gabriel, Mödling bei Wien, 4. Aufl. 1999.

Zu Kapitel 18 – gibt es ein lehrreiches Büchlein von Reinhard Frieling, Katholisch und Evangelisch. Informationen über den Glauben. Verlag Vandenhoeck & Ruprecht, Göttingen, 8. neubearbeitete Aufl. 1999. Der (evangelische) Verfasser unterrichtet hier ganz einfach und klar über die Unterschiede zwischen den Konfessionen, nicht nur in ihrer Lehre, sondern auch in der ganz alltäglichen religiösen Praxis. Das Buch ist besonders hilfreich für Christen, die in einer konfessionsverschiedenen Ehe leben. Gleiches gilt für André Birmele (Hg.), Ökumene am Ort – Einheitsbemühungen in der Gemeinde, ebenfalls Göttingen 1983; das katholische Gegenstück ist Hans Jörg Urban/Wolfgang Wieland, Was ist evangelisch, was katholisch? Bonifatius-Verlag, Paderborn 1984; und von Heinz Gläsgen (Hrsg.), Evangelisch-Katholisch. Muss das sein? Was verbindet, was trennt. Herder-Verlag, Freiburg/Br., 3. Aufl. 1990 (Dokumentation einer Vortragsreihe im Rundfunk). Die jüngsten Informationsbücher dieser Art sind Peter Lüning, Ökumene an der Schwelle zum dritten Jahrtausend (Topos plus Taschenbuch 357). Verlag Friedrich Pustet, Regensburg 2000 (Information über die Streitfragen, die wichtigsten ökumenischen Dokumente und den Stand der Urteilsbildung); und, aus evangelischer Sicht und mit viel Humor, Dorothea Kühl-Martini, Beffchen, Weihrauch und Visionen. Was Katholiken und Protestanten von einander lernen können. Kreuz-Verlag, Stuttgart 2000.

Wer etwas mehr über die Hintergründe des heutigen neuen Verhältnisses zwischen den Konfessionen wissen möchte, muss sich auf Fachbücher einlassen und zu etwas Mühe bereit sein. Ich nenne hier nur einige von ihnen, die auch für Nicht-Theologen verständlich sind. Zunächst zur Geschichte der ökumenischen Bewegung: Heinrich Fries, Ökumene statt Konfessionen? Das Ringen der Kirche um Einheit. Knecht-Verlag, Frankfurt am Main 1977; Reinhard Frieling, Der Weg des Ökumenischen Gedankens. Eine Ökumenekunde. Verlag Vandenhoeck & Ruprecht, Göttingen 1992; Peter Neuner, Ökumenische Theologie. Die Suche nach Einheit der christlichen Kirchen. Wissenschaftliche Buchgesellschaft, Darmstadt 1997.

Aktuelle Bestandsaufnahme, Einzelfragen und Ermutigung: Karl-Heinz Ohlig/Heinz Schuster, Blockiert das katholische Dogma die Einheit der Kirchen? Patmos-Verlag, Düsseldorf 1971; Heinz Schütte, Ziel: Kirchengemeinschaft. Zur ökumenischen Orientierung. Bonifatius-Verlag, Paderborn 1985; ders., Kirche im ökumenischen Verständnis – Kirche des dreieinigen Gottes. Bonifatius-Verlag/Verlag Otto Lembeck, Paderborn/Frankfurt am Main 2. Aufl. 1991 (beide Bücher mit gründlichem Durchblick durch die ökumenischen Dokumente); Peter Niederstein, Christen am runden Tisch. Ermutigungen zur ökumenischen Bewegung. Mit einem Nachwort von Kurt Koch. Benziger Verlag, Zürich 1990; Kurt Koch, Gelähmte Ökumene. Was jetzt zu tun ist. Herder-Verlag, Freiburg/Br. 1992; Johannes Brosseder (Hrsg.), Dialogfähige Theologie. Neukirchener Verlag, Neukirchen-Vluyn 1998; Einheit der Kirche aus evangelischer Sicht: Michael Weinrich, Ökumene am Ende? Plädoyer für einen neuen Realismus. Neukirchener Verlag, Neukirchen-Vluyn 1995; aus katholischer Sicht: Georg Hintzen/Wolfgang Thönissen, Kirchengemeinschaft möglich? Einheitsverständnis und Einheitskonzepte in der Diskussion. Bonifatius-Verlag, Paderborn 2001; Und jetzt aus katholischer und reformierter Sicht: Eva-Maria Faber (Hrsg.), Zur Ökumene verpflichtet. Academic Press, Fribourg/Schweiz, 2003. Orientierung an den Quellen: Otto Hermann Pesch, Hinführung zu Luther. Matthias-Grünewald-Verlag, Mainz, 3. überarbeitete und erweiterte Aufl. 2004 – mit weiterführender Literatur zu den behandelten Streitfragen.

Zu den beiden erwähnten ökumenischen Dokumenten gibt es natürlich erst recht nur „Fachliteratur“, vor allem Aufsätze in Fachzeitschriften und Sammelbänden. Aber es gibt auch Arbeitshilfen: Johannes Brosseder (Hrsg.), Von der Verwerfung zur Versöhnung. Zur aktuellen Diskussion um die Lehrverurteilungen des 16. Jahrhunderts. Neukirchener Verlag, Neukirchen-Vluyn 1996. Heinrich Fries/Otto Hermann Pesch, Streiten für die eine Kirche. Kösel-Verlag, München 1987. Georg Hintzen/Aloys Klein/Hans Jörg Urban, Zum Thema „Lehrverurteilungen – kirchentrennend?". Eine katholische Lesehilfe. Bonifatius-Verlag, Paderborn 1988; Lothar Ullrich/Ulrich Kühn (Hrsg.), Die Lehrverurteilungen des XVI. Jahrhunderts im ökumenischen Gespräch. Benno-Verlag, Leipzig 1992. – Zur „Gemeinsamen Erklärung zur Rechtfertigungslehre": Bernd Jochen Hilberath/Wolfhart Pannenberg (Hrsg.), Zur Zukunft der Ökumene. Die „Gemeinsame Erklärung zur Rechtfertigungslehre". Verlag Friedrich Pustet, Regensburg 1999. Peter Lüning/Ralf Miggelbrink/Hans Jörg Urban/Joachim Wanke, Zum Thema „Gerechtfertigt durch Gott" – Die Gemeinsame lutherisch-katholische Erklärung. Eine Lese- und Arbeitshilfe. Bonifatius-Verlag, Paderborn 1999. In diesen Büchern sind auch die verschiedenen Ausgaben der betreffenden Texte verzeichnet. Weitere Bücher und Aufsätze zur Gemeinsamen Erklärung und ihrer Vorgeschichte findet sich bei Pesch, Hinführung zu Luther (siehe oben), im 15. Kapitel; und zur Ökumene allgemein in ders., Das Zweite Vatikanische Konzil (siehe oben zu Kapitel 17) im 6. Kapitel.

Zu Kapitel 19: Zum Sinn der Heiligenverehrung nach katholischem Verständnis liest man am besten den entsprechenden Abschnitt in den Katechismen (siehe am Schluss dieser Lesehinweise) und in den zum Kapitel 18 genannten Gegenüberstellungen von „Katholisch-Evangelisch". Die Dokumentation einer Ökumenischen Tagung der Katholischen Akademie Freiburg zum Thema findet sich in Gerhard Ludwig Müller (Hrsg.), Heiligenverehrung – Ihr Sitz im Leben des Glaubens und ihre Aktualität im ökumenischen Gespräch. Verlag Schnell & Steiner/Katholische Akademie Freiburg/Br., München 1986; und das köstliche Buch von Josef Imbach, Der Heiligen Schein. Heiligenverehrung zwischen Frömmigkeit und Folklore. Echter Verlag, Würzburg 1999. Wer sich sowohl die fair formulierten Bedenken evangelischer Christen ebenso wie eine sensible Annäherung vor Augen führen will, lese Hans-Martin Barth, Sehnsucht nach den Heiligen? Verborgene Quellen ökumenischer Spiritualität. Quell Verlag, Stuttgart (jetzt: Gütersloh) 1992.

Zur Marienverehrung siehe das ganz auf der nüchternen Linie des Konzils – dazu Pesch, Das Zweite Vatikanische Konzil, S. 192-196 – verbleibende ältere Buch eines ersten Fachmannes für diese Thematik: Wolfgang Beinert (Hrsg.), Maria heute ehren. Herder-Verlag, Freiburg/Br., 3. Aufl. 1980; und vom selben Verfasser: Maria (Topos plus Taschenbuch 407). Verlag Friedrich Pustet, Regensburg 2003. Aus evangelischer Sicht: Manfred Keißig (Hrsg.), Maria, die Mutter unseres Herrn. Eine evangelische Handreichung. Lahr 1991. Und wieder klingt eine ferne Stimme ganz nah: Romano Guardini, Die Mutter unseres Herrn. (Neuauflage als Topos Taschenbuch 165). Matthias-Grünewald-Verlag, Mainz 2. Aufl. 1990. Im übrigen gilt es dann, sich mit dem Leben der Heiligen zu beschäftigen. In den letzten Jahren erschienen zahlreiche kurzgefasste Lebensbeschreibungen wichtiger Heiliger, volkstümlicher wie weniger bekannter, vor allem in der Reihe der Topos plus Taschenbücher (zum Beispiel über Birgitta, Vinzenz von Paul, Franz Xaver, Franz von Assisi und andere). Ein guter Buchhändler muss Auskunft geben können.

Zum Kapitel 20: Vor der Begegnung die Information! Dazu gibt es die hilfreichen kurzgefassten Bücher von Gottfried Hierzenberger, Der Glaube der Buddhisten; Der Glaube der Muslime; Der Glaube der Juden (Topos plus Taschenbücher 470, 468, 474). Lahn-Verlag, Limburg-Kevelaer 2003. Allgemein zum Dialog zwischen den Religionen: Hans Waldenfels, Christus und die Religionen (Topos plus Taschenbuch 433). Verlag Friedrich Pustet, Regensburg 2003; Francis Arinze, Begegnung mit Menschen anderen Glaubens. Den interreligiösen Dialog verstehen und gestalten. Verlag Neue Stadt, München 1999. – Zum Buddhismus: Josef Sudbrack, Herausgefordert zur Meditation. Christliche Erfahrung im Gespräch mit dem Osten (Herderbücherei 611). Herder-Verlag, Freiburg/Br. 1977; Hans Waldenfels, Faszination des Buddhismus. Zum christlich-buddhistischen Dialog. Matthias-Grünewald-Verlag, Mainz 1982; Regina und Michael von Brück, Ein Universum voller Gnade. Die Geisteswelt des Tibetischen Buddhismus. Herder-Verlag, Freiburg/Br. 1987. – Zum Islam: Hans Zirker, Christentum und Islam. Patmos-Verlag, Düsseldorf 1991; Christian Troll, Muslime fragen, Christen antworten (Topos plus Taschenbuch 489). Verlag Friedrich Pustet, Regensburg 2003. Bei Bereitschaft zur Mühe viel Information und Hintergrund bei Andreas Renz/Stephan Leimgruber (Hrsg.), Lernprozess Christen Muslime. Gesellschaftliche Kontexte – Theologische Grundlagen – Begegnungsfelder. Lit-Verlag, Münster 2002; und bei Hans Küng/Josef van Ess/Heinrich von Stietencron/Heinz Bechert, Christentum und Weltreligionen. Hinführung und Dialog mit Islam, Hinduismus und Buddhismus. Piper-Verlag, München 1984 (keine Sorge: allgemeinverständlich und ganz gewiss ohne Anbiederung!).

Zum christlich-jüdischen Gespräch gibt es wieder einmal schon eine kleine Bibliothek. Ich greife nur drei Bücher heraus, die sich auf die jüdischen Wurzeln des christlichen Glaubens beziehen: Raimund Schwager, Dem Netz des Jägers entronnen. Nacherzählung des Jesusdramas. Kösel-Verlag, München 1991 (eine „innere Biographie" Jesu entlang der Frage: Was muss Jesus als gläubigem Juden durch den Kopf gegangen sein bei diesem und jenem Ereignis? Das Buch hat die Zustimmung von Alttestamentlern gefunden); Hubert Frankemölle, Der Jude Jesus und die Ursprünge des Christentums (Topos plus Taschenbuch 503). Matthias-Grünewald-Verlag, Mainz 2003; und nach wie vor erhellend: Norbert Lohfink, Das Jüdische am Christentum. Die verlorene Dimension. Herder-Verlag, Freiburg/Br. 1987. – Zu der wahren Bekehrung der Kirche zu den jüdischen Wurzeln des christlichen Glaubens auf dem Konzil – und zu den turbulenten Begleitumständen – siehe Pesch, Das Zweite Vatikanische Konzil, S. 291-310. Dort weitere Lesehinweise zum Ganzen.

Zu Kapitel 21: Josef Sudbrack, Beten ist menschlich. Aus der Erfahrung unseres Lebens mit Gott sprechen (Herderbücherei 465). Herder-Verlag, Freiburg/Br. 1973; Otto Hermann Pesch, Das Gebet (Topos Taschenbuch 95); Josef Osterwalder. Kleine Gebetsschule (Topos Taschenbuch 154), beide Bücher im Matthias-Grünewald-Verlag, Mainz 1980 und 1986; ferner Klaus Demmer, Gebet, das zur Tat wird. Praxis der Versöhnung, Herder-Verlag, Freiburg/Br. 1990. In allen diesen Büchern finden sich Hinweise auf weitere Bücher mit Gebeten und über das Beten.

Zu Kapitel 22 – steht einiges mehr zu lesen bei Otto Hermann Pesch, Rechenschaft über den Glauben (siehe oben) und in den am Schluss erwähnten größeren Büchern. Inzwischen aber sind einige hervorragende kleine Bücher erschienen, die sowohl auf die „normalen" Fragen nach den „letzten Dingen" in neuer und hilfreicher Weise eingehen als auch die Konsequenzen unserer Hoffnung in *diesem* Leben erörtern: Gisbert Greshake, Stärker als der Tod. Zukunft – Tod – Auferstehung – Himmel – Hölle – Fegfeuer (Topos Taschenbuch 50). Matthias-Grünewald-Verlag, Mainz, 11. Aufl. 1991; Tiemo Rainer Peters, Tod wird nicht mehr sein (Theologische Meditationen 48); Hermann Häring, Was bedeutet Himmel? (Theologische Meditationen 55); beidemal Benziger-Verlag, Zürich 1978 und 1980; Herbert Vorgrimler, Der Tod im Denken und Leben des Christen. Patmos-Verlag, Düsseldorf 1978; Gottfried Bachl, Die Zukunft nach dem Tod, Herder-Verlag, Freiburg/Br. 1985; Theodor Schneider, Dann wirst Du alle Tränen trocknen. Geistliche Reden zu Tod und Sterben (Topos Taschenbuch 257). Matthias-Grünewald-Verlag, Mainz 1996; Wolfgang Beinert, Tod und jenseits des Todes (Topos plus Taschenbuch 355). Verlag Friedrich Pustet, Regensburg 2000; Medard Kehl, Und was kommt nach dem Ende? Von Weltuntergang und Vollendung, Wiedergeburt und Auferstehung. Herder-Verlag, Freiburg/Br., 2. Aufl. 2000. Zu den ganz praktischen Fragen um Sterbe- und Trauerbegleitung siehe Peter Neysters/Karl Heinz Schmitt, Denn sie werden getröstet werden. Das Hausbuch zu Leid und Trauer, Sterben und Tod. Kösel-Verlag, München 1993.

Für Kapitel 23 – gilt dasselbe wie zu Kapitel 22. Besonders Schönes steht hier wieder bei Günther Weber in Bd. 4, bei Elmar Gruber, Alles ist erlaubt. Überlegungen zur Freiheit des Christen. Don Bosco-Verlag. München 1972; und bei Ambrosius Karl Ruf in seinem Buch: Konfliktfeld Autorität (siehe oben zu Kapitel 9).

Zum Schluss ein Hinweis auf zwei große Bücher, auch wenn sie heute nur noch in Bibliotheken oder antiquarisch zu haben sind: Das eine ist die deutsche Ausgabe des „Holländischen Katechismus" unter dem Titel: Glaubensverkündigung für Erwachsene. Herder-Verlag, Freiburg/Br. 1969. Das andere heißt: Neues Glaubensbuch. Der gemeinsame christliche Glaube. Hrsg. von Johannes Feiner und Lukas Vischer, Herder-Verlag, Freiburg/Br. 1973, 19. Aufl. 1994. Das erste Buch ist nur von katholischen Verfassern geschrieben worden, das zweite Buch haben katholische und evangelische Verfasser in Gemeinschaftsarbeit geschrieben. Beide Bücher haben viel Diskussion ausgelöst. Treue Katholiken sind besorgt, dass in ihnen die katholische Lehre nicht korrekt wiedergegeben werde. Wer sich ein Urteil bilden will, sei hingewiesen auf zwei Bücher, die die ausdrückliche Zustimmung der deutschen Bischöfe haben: Botschaft des Glaubens. Ein katholischer Katechismus. Verlag Ludwig Auer, Donauwörth/Ludgerus Verlag, Essen 1978; und: Katholischer Erwachsenen-Katechismus. Das Glaubensbekenntnis der Kirche. Herausgegeben von der Deutschen Bischofskonferenz, Verlage Butzon & Bercker u. a., Kevelaer u. a. 1985. Seit 1993 liegt auch die deutsche Ausgabe des sogenannten „Weltkatechismus" vor: Katechismus der Katholischen Kirche. Oldenburg Verlag u. a., München 1993. Das überaus materialreiche Buch, das viele schöne Texte der kirchlichen und theologischen Überlieferung zitiert, ist eher eine „Laien-Dogmatik" als ein Katechismus, nun aber eine verlässliche Adresse für die offizielle Lehre der Kirche und damit Orientierung, wo dazu Fragen und Unsicherheiten auftauchen. Der Papst hat im Vorwort des „Ökumenischen Direktoriums" von 1993 ausdrücklich erklärt, der Katechismus sei bei strittigen Fragen stets im Geiste der Ergebnisse des ökumenischen Dialogs zu interpretieren.